현직 역사 교사들이 '제대로' 쓴 알차고 재미있는 한국사!

머리 아프게 공부해야 하는 역사가 아닌, 즐기면서 푹 빠져 읽을 수 있는 역사책. 풍부한 사료를 씨줄과 날줄로 삼아 옛사람들의 삶을 생생하게 되살려 낸 점이 돋보인다. 아이들이 진실한 이야기의 속맛을 느끼며, 역사 속으로 빠져들기를 기대한다.
— **김태웅** 서울대학교 역사교육과 교수

아이들의 독서 습관을 잘 아는 선생님들이 '제대로 된' 역사책을 펴냈다. 참 쉽다. 그러면서도 왜 역사가 우리의 삶과 성장에 필요한지를 몸소 느끼고 체험할 수 있게 써 놓았다. 《제대로 한국사》와 함께 우리 역사를 마음껏 탐구해 보자. 두둥두둥~ 자, 출발!
— **장용준** 함평고등학교 교장

아이들이 읽을 역사책은 무엇보다도 내용이 아이들에게 딱 맞는 제대로 된 것이어야 한다. 학교 현장에서 '살아 있는 역사 교육'을 실천해 온 전국역사교사모임 선생님들이 가꾼 한국사 텃밭이라면 우리 아이들이 '제대로 자랄 수 있는' 놀이터이자 우리 역사를 '제대로 느낄 수 있는' 배움터로 충분할 것이다.
— **전병철** 공주생명과학고등학교 교사

역사는 이야기다. 사람들이 있고, 사람들이 한 일이 있고, 그 사이 시간이 흘러간다. 《제대로 한국사》는 지금껏 이 땅에 살았던 사람들의 삶을 끊어지지 않는 이야기로 이어 놓았다. 누구든지 제 삶을 거짓 없이 돌아볼 수 있어야 앞날을 희망으로 그릴 수 있다. 이 책을 읽는 아이들이 만들어 갈 세상이 희망적인 까닭이다.
— **김강수** 수동초등학교 교사, 전국초등국어교과모임 회장

왕이나 위인들만의 역사가 아닌 보통 사람들의 이야기도 담겨 있는 역사책. 역사에 등장하는 인물들의 마음과 생각을 이해할 수 있으며, 초등 역사에서 꼭 알아야 하는 인물사, 생활사, 문화사 등 한국사를 '제대로' 담고 있다. 재미있으면서 가볍지 않고, 진지하면서도 무겁지 않다.
— **문재경** 부산효림초등학교 교사, 전국초등사회교과모임 공동 대표

우리 역사의 큰 흐름을 재미있는 내러티브로 이어 가고 있는 책이다. 관점은 믿음직하고 이야기는 유려하며 내용은 알차다. 아이들에게 권할 만한 '제대로 된 이야기 한국사' 책이 나와 반갑다. 내 아이에게 꼭 읽히고 싶다.
— **이성호** 서울배명중학교 교사, 역사교육연구소 어린이분과 연구원

아이들은 역사에서 오늘을 사는 우리의 삶을 비판적으로 읽어 낼 수 있어야 한다. 왕과 영웅의 역사 이야기 속에서도 언제나 약자였던 백성의 힘을 통찰할 수 있는 눈을 가져야 한다. 이 책은 교과서가 빠뜨린 '역사를 바르게 보는 눈'을 아이들에게 제공한다.
— **박진환** 논산내동초등학교 교사

'읽는 재미'와 '감동'을 선사하는 《제대로 한국사》는 교과서의 보조 교재로 사용하고 싶을 정도로 역사 고증에 충실하다. 이 책을 읽은 아이들은 역사는 암기가 아니라 그 시대를 살아간 사람들이 만들어 간 이야기이고, 역사를 배우는 의미는 깊이 있는 통찰력을 얻기 위해서라는 사실을 자연스럽게 깨닫게 될 것이다.
— **이어라** 의정부여자고등학교 교사

어릴 때 누구나 한번쯤 가져 봤던 궁금증. 내 아버지의 아버지, 아버지의 아버지는 어떤 사람이었을까? 내 어머니의 어머니, 어머니의 어머니는 어떻게 살았을까? 그 질문에 대한 가장 정성스럽고 현명한 답이 들어 있는 책. 박물관의 유물로만 여겨지던 역사를 살아 숨 쉬는 사람의 이야기로 들려주는 책이다.
— **김선정** 남양주월문초등학교 교사

시간의 흐름을 놓치지 않고 우리 역사의 시작부터 지금에 이르기까지를 다룬 《제대로 한국사》는 '살아 있는 이야기'로 다가온다. 이 책을 만나는 사람 모두가 지나온 길을 돌아보는 용기와 앞길을 내다보는 웃음을 얻을 것이라 믿는다.
— **윤승용** 남한산초등학교 교사

전국역사교사모임 선생님이 쓴
제대로 한국사 1

전국역사교사모임
선생님이
쓴

제대로 한국사

1

우리 역사의 시작

전국역사교사모임 지음

휴먼어린이

초대하는 글

역사책을 읽으며 웃고 우는 너희를 보고 싶다

《제대로 한국사》를 막 펼쳐 든 아이들아! 이 책은 우리나라 역사에 대해 쓴 책이란다. 이 책을 쓴 우리는 모두 학교에서 역사를 가르치는 선생님이면서, 너희 같은 아들딸을 둔 부모이기도 해. 너희는 '역사', '역사책'이라고 하면 어떤 생각이 떠오르니?

민경 아, 또 역사책이에요? 엄마가 들이미는 역사책은 재미없고 지루한데……. 나는 '해리 포터' 시리즈 같은 소설책이 좋아요. 한번 읽기 시작하면 점점 빠져들고, 뒷이야기가 궁금해서 견딜 수가 없거든요. 수많은 사람의 삶에 대한 이야기를 읽고 나면 감동도 밀려와요. 하지만 역사책은 별로 재미도 없고 감동도 주지 않으면서 괜히 폼만 잡아요. "이것도 알아야 한다.", "저것도 중요하다."라며 외워야 할 것만 죽 늘어놓고 있어요.

역사가 재미없다고? 그래 맞아. 너희가 그렇게 생각하는 것도 무리는 아니지. 역사 속 수많은 사람의 사는 이야기 대신 이름만 남고, 무슨 뜻인지도 모르고 외워야 할 제도만 남은 역사책은 재미없는 게 당연하단다. 하지만 역사야말로 수많은 사람이 얽히고설키면서 만들어 간 가장 웅장하고 아름다운 이야기, 가장 극적인 울트라 수퍼 드라마란다.

우리는 옛사람들의 삶과 이야기가 묻어나는 살아 있는 역사를 들려주고 싶었단다. 딱딱한 제도와 이름에 숨결을 불어넣어서 너희와 생생하게 만나게 하고 싶었어. 그래서 우리는 옛사람들이 남긴 책과 유물, 유적, 다양한 흔적 등을 열심히 살펴보았단다. 이러한 것들을 '사료'라고 하지. 옛사람들의 숨결과 생각이 담긴 사료들은 아주 생동감 있고 진실한 이야기로 다시 태어나서 너희에게 그 시대 사람들의 삶을 실감 나게 보여 줄 거야.

형주 나는 역사책을 좋아해요. 역사책을 읽으면 새롭게 배우는 게 많거든요. 최초의 근대적 조약은 강화도 조약이고, 최초의 근대적 병원이 광혜원이라는 것도 알아요. 대단하죠? 그런데 도대체 '근대적'이라는 말이 무슨 뜻이에요?

형주는 아는 것이 정말 많구나! 그런데 역사 공부는 퀴즈 대회를 준비하는 것과는 다르단다. 역사를 좋아하고 역사책을 많이 읽었다고는 하지만, 역사라는 커다란 그림을 보지 못하는 친구들도 많단다. 길을 갈 때 보도블록의 모양을 자세히 들여다보느라고 내가 어디로 가고 있는지 보지 못하는 경우처럼 말이야.

시간의 흐름을 칼로 자를 수 없듯이 역사도 계속 이어진단다. 한 사건은 다른 사건을 낳고, 그 사건은 또 다른 사건으로 이어지고……. 눈에 보이지 않는 작은 변화들이 모여서 어느덧 완전히 다른 모습의 사회가 만들어지기도 했단다. 그 속에서 사람들이 어려움을 이겨 내기도 하고, 길이 기억될 만한 멋진 문화유산을 남기기도 했지. 이렇게 큰 그림을 보듯 역사를 만나면, 어느덧 사회를 읽는 눈과 사람을 보는 눈을 키울 수 있단다.

우형 우리나라 역사는 갑갑해서 싫어요. 피라미드나 베르사유 궁전처럼 크고 화려한 유적도 없고, 땅덩이도 좁고, 맨날 다른 나라한테 얻어터지기나 하고. 우리나라 역사를 읽으면 우울해져요. 우리가 일본보다 먼저 서양 문물을 받아들였다면, 일본의 식민지가 되지도 않았을 테고, 만주 땅도 다 우리 땅이 되었을 텐데 말이죠.

우리가 힘이 세서 다른 나라에 쳐들어갔다면 자랑스러운 역사일까? 자랑스러운 역사, 빛나는 역사는 땅덩어리의 크기나 전쟁의 승리로 정해지는 것이 아니란다. 《제대로 한국사》를 읽다 보면, 우리나라 사람들이 얼마나 열심히 씩씩하게 살아왔는지를 알게 될 거야. 끊임없는 전쟁 속에서도 굳건히 가꾸어 온 희망, 온갖 위기와 역경을 헤쳐 나온 지혜, 좌절을 딛고 일어선 용기를 배울 수 있을 거야. 그러면서 너희는 분명 우리나라 역사를 사랑하게 될 거야.

너희가 만들어 갈 세상은 우리가 살아온 지난날보다 더 나은 모습이기를 바란다. 미래를 만들어 가는 데 과거를 돌아보는 것만큼 도움이 되는 것도 없지. 우리는 《제대로 한국사》가 너희에게 그런 도움을 주었으면 하고 간절히 바란단다.

지금부터 우리 조상들이 살아온 5000년의 이야기, 꿈을 꾼 사람들, 희망을 노래한 사람들, 성공한 사람들과 좌절한 사람들, 실패한 듯 보였지만 역사 속에서 살아난 사람들의 이야기를 들려줄게. 그 속에서 너희가 주인공이 될 멋진 미래를 꿈꾸어 보렴.

2015년 10월
글쓴이들

차례

초대하는 글 • 4

1 우리 역사의 시작

역사의 새벽을 열다 • 12
청동기가 나눈 세상 • 26
우리 겨레 첫 나라, 고조선 • 36
만약에 연도를 세는 방법이 없어진다면? • 46

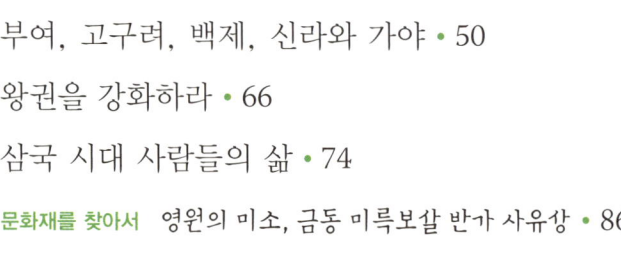

2 세 나라가 서다

부여, 고구려, 백제, 신라와 가야 • 50
왕권을 강화하라 • 66
삼국 시대 사람들의 삶 • 74
문화재를 찾아서 영원의 미소, 금동 미륵보살 반가 사유상 • 86

제대로 한국사 1

3 한강의 마지막 주인

백제의 성장 • 90

고구려의 발전 • 100

신라의 도약 • 112

세계 속의 한국인 세계와 교류한 삼국의 사람들 • 126

연표 • 130

사진 자료 제공 • 135

찾아보기 • 136

기원전 1만 년 이전

약 70만 년 전 구석기 문화 시작
약 50만 년 전 상원 검은모루 동굴 유적

기원전 8000년

기원전 8000년경 신석기 문화 시작
기원전 5000년경 서울 암사동 유적
기원전 2333년 단군왕검, 고조선 건국

우리 역사의 시작

1

기원전 2000년

기원전 2000년경 청동기 문화 시작
기원전 1000년경 한반도에서 민무늬 토기 사용

기원전 400년

기원전 400년경 철기 문화 시작
기원전 200년경 부여 건국
기원전 194년 위만, 고조선 왕이 됨
기원전 108년 고조선 멸망

역사의 새벽을 열다

과거로 떠나는 여행

46억 년, 그 시간의 무게는 얼마나 될까? 지구의 과거를 들여다보는 일은 긴 여행을 떠나는 일과 같다. 알고 있는 것, 알 수 있는 것보다 모르는 것이 훨씬 더 많은 낯선 곳으로의 여행 말이다.

46억 년 전, 가스와 먼지로 만들어진 지구는 혼돈 그 자체였다. 수십 억 년 동안 번개가 치고 폭풍이 불고 비가 내리면서 지구는 천천히 식어 갔다. 지구의 바다에서는 생명체가 나타나 진화를 거듭했고, 시간이 지나면서 지구는 푸른 숲으로 뒤덮였다. 거대한 공룡들이 하늘과 땅, 물속을 누비고 다녔다. 공룡들은 무려 1억 5000만 년 동안이나 지구의 주인공으로 살았다.

5억 년 전, 오늘날의 한반도는 적도 부근의 바다 밑에 있었다. 대륙이 움직이면서 오스트레일리아에서 떨어져 나와 북쪽으로 옮겨 왔다. 공룡들이 살던 때, 이곳에는 여기저기 커다란 호수가 있었고, 날씨가 따뜻했다. 이 땅에서 번성하던 공룡들은 한반도 남쪽에 8000여 개의 발자국을 남긴 채 기후 변화와 함께 사라졌다.

　9000만 년 전, 이 땅 곳곳에서 화산이 터졌다. 땅이 흔들리며 갈라졌고, 그 사이로 불의 강이 흘렀다. 하늘에는 연기가 가득했고, 불덩어리들이 비 오듯 쏟아져 내렸다. 화산의 폭발은 3000만 년 동안이나 계속되었다.

　공룡이 멸종한 뒤 지구에는 포유류가 번성했다. 500만 년쯤 전에 아프리카의 어느 곳에서는 나무에서 내려와 두 발로 곧게 서서 살아가는 인류가 나타났다. 지구는 추워졌다가 따뜻해지기를 반복했고, 그 사이 인류는 생활의 범위를 점점 넓혀 나갔다. 아프리카에서 시작된 인류는 유럽으로, 아시아로 계속 걸어갔다. 그들의 삶은 여행 그 자체였다.
그리고 그들 가운데 한 무리가 이 땅에 도착했다.
70만 년 전 어느 날인가 저 언덕 너머에.

동굴에서 살아가기

빙하로 뒤덮인 지역이 넓어지면서 기온이 뚝 떨어졌다. 한 번 빙하기가 시작되면 2만~3만 년씩 계속되었다. 바다가 낮아져 서해 바다 밑이 드러났고, 한반도와 일본이 육지로 연결되었다. 오늘날의 지도와는 전혀 다른 모습이었다. 땅에는 전나무와 소나무 같은 침엽수가 빽빽하게 자랐고, 매머드처럼 몸집이 큰 맹수가 많이 살았다.

빙하기가 잠시 물러나고 날씨가 따뜻해지면, 넓은 잎을 가진 나무들이 울창한 숲을 이뤘고 쌍코뿔소나 원숭이, 코끼리같이 따뜻한 곳에서 사는 짐승들이 이 땅에서 살았다.

지금으로부터 50만 년 전, 평안남도 상원의 검은모루 동굴에 한 무리의 사람들이 살고 있었다. 검은모루 동굴은 낮은 산 중턱에 있었는데, 동굴 앞에는 물이 흘러 사람들이 살기에 아주 좋았다.

해가 지고 어둠이 찾아왔다. 여인은 동굴 안쪽에 피워 놓은 불에 마른 참나무 가지 몇 개를 집어넣었다. 불이 타닥타닥 소리를 내며 춤을 추었다.

'왜 아직도 오지 않는 것일까? 무슨 일이라도 생긴 건 아닐까?'

여인은 동굴 입구에서 까치발을 하고 밖을 내다보았다. 저 어둠 너머로 꿈틀거리는 검은 그림자가 보였다. 동굴에 남아 있던 여인들과 노인들은 서로 수군거렸다.

'우리 편인가? 아니면 적인가?'

원숭이 머리뼈　　말 아래턱뼈　　멧돼지 아래송곳니

평안남도 상원 검은모루 동굴에서 출토된 유물
우리나라에서 발견된 가장 오래된 동굴 유적 중 하나로 여러 종류의 뗀석기와 원숭이, 큰쌍코뿔소 등의 동물 화석이 발견되었다.

다행히 사냥을 나갔던 남자들이었다. 이틀 만에 돌아왔으나 그들은 빈손이었다. 동굴 안에 남아 있는 것이라고는 여자들이 낮에 캐 온 나무뿌리와 먹을 수 있는 잎사귀, 나무 열매 몇 개가 전부였다. 남자들은 배가 고팠는지, 그것들을 허겁지겁 먹어 치웠다.

보고 있는 사람들이나 먹는 사람들이나 모두 배가 고프기는 마찬가지였다. 칭얼거리다 잠이 든 어린아이의 얼굴에 웃음이 번졌다. 사냥해 온 고기를 먹는 꿈이라도 꾸는 모양이었다. 동굴 한쪽 구석에 버려진 쌍코뿔소의 턱뼈가 보였다. 사냥에 성공해 다 같이 둘러앉아 웃으면서 먹던 기억이 떠올랐다. 그땐 참 행복했었는데…….

"이제 이곳을 떠나야만 할 것 같네. 사냥도 잘 안 되는 데다 열매도 구하기 힘들어. 먹을 만한 것은 이미 다 먹어 버렸어."

무리를 이끄는 노인의 말에 다들 고개를 끄덕였다. 그리고 모두 허기진 배를 움켜쥐고 잠을 청했다.

다음 날 아침, 그들은 길을 떠났다. 새로운 삶의 터전을 찾아 이동하는 것은 두려운 일이었다. 여자들은 아이들을 깨워 떠날 채비를 하고, 남자들은 쓸 만한 도구를 골랐다. 아직 쓸 수 있는 뗀석기들은 챙기고, 부러지거나 날이 무뎌져 쓸 수 없는 뗀석기는 동굴에 버렸다.

나뭇가지에 불씨를 받아 들고, 동굴 입구에 피워 놓았던 모닥불을 꺼 버린 뒤 그들은 길을 떠났다. 그들이 떠난 자리에 남겨진 모닥불 흔적과 동물의 뼈, 도구들은 먼 훗날 우리에게 한때 그들이 이 땅에 살았음을 알리는 증거가 되었다.

돌을 깨뜨려 만든 뗀석기

무리는 살기 좋은 동굴을 발견하고는 이곳에 머무르기로 했다. 남자들은 다시 사냥에 나섰다. 주먹에 쥐기 좋게 돌덩이를 깨어 만든 주먹 도끼, 한쪽에 날을 댄 찍개, 단단한 짐승의 뼈, 뾰족한 나무창을 손에 들었다.

남자들은 한참을 돌아다니다가 물을 마시러 웅덩이를 찾은 쌍코뿔소를 발견했다. 가장 경험이 많은 사냥꾼이 주위를 살펴보더니 무리를 둘로 나눴다. 한쪽은 쌍코뿔소의 뒤에서 소리를 치고 돌멩이를 던져 쌍코뿔소를 웅덩이 쪽으로 몰았다. 놀란 쌍코뿔소가 물웅덩이에서 첨벙거리며 중심을 잃었을 때, 기다리고 있던 나머지 사람들이 일제히 주먹 도끼와 창을 던졌다. 쌍코뿔소의 뿔에 받혀 한 사람이 피를 흘리며 쓰러졌다. 그러나 힘이 빠진 쌍코뿔소도 오래 버티지 못하고 그대로 쓰러졌다. 드디어 사냥에 성공했다. 오랜만에 무리는 배부르게 먹을 수 있었다.

작고 약한 인간이 큰 사냥감을 얻는 건 쉬운 일이 아니었다. 사냥에 성공하는 건 손에 꼽을 정도였고, 평소에는 숲에서 따 온 나무 열매나 뿌리를 먹고 살았다. 그나마 사냥을 할 수 있었던 건 인간에게 도구를 만들 수 있는 두 손이 있었기 때문이다. 어떤 돌멩이가 좀 더 날카롭게 깨질까? 이렇게 던져 볼까? 저렇게 떼어 볼까? 주먹 도끼에 날카로운 날 하나를 더 만드는 데 수천 년, 어쩌면 수만 년이 걸렸을지도 모른다.

그러나 오랜 세월이 흐르면서 돌로 만든 도구는 점점 더 날카롭고 정교해졌으며 종류도 다양해졌다. 4만 년 전쯤에 살던 사람들은 필요에 따라 여러 도구를 만들었다. 나무 막대기 끝에 뾰족한 돌을 단 슴베찌르개를

주먹 도끼
찌르거나 자르거나 찍을 때, 다양한 용도로 사용한 만능 도구이다.

슴베찌르개
사냥에 쓰인 도구. 얇은 돌 조각을 화살촉처럼 만들어 나무 막대기 끝에 묶어 사용했다.

만들어 사냥을 하고, 날카롭게 떼어 낸 긁개로 가죽을 벗기거나, 끝 부분에 날을 세운 밀개를 만들어 나무껍질을 손쉽게 벗겨 내기도 했다.

인간에게 자연은 그 자체로 거대한 학습장이었다. 비가 올 것인지, 날이 추워질 것인지, 이 열매를 먹어도 되는지, 저 짐승은 어떻게 움직이는지……. 인간의 시선은 자연을 향했고, 자연의 변화를 놓치지 않으려고 노력했다. 그것은 살아남기 위한 힘겨운 몸부림이었다.

시간은 느리게 흘러갔고 변화는 눈에 보이지 않을 만큼 더디게 일어났다. 인류가 살아온 시간의 99.9퍼센트에 해당하는 긴 시간 동안 인간은 동굴 언저리를 벗어나지 못했다. 그러나 시간이 한 번도 멈추지 않은 것처럼 변화 또한 멈추지 않고 계속 쌓여 갔다.

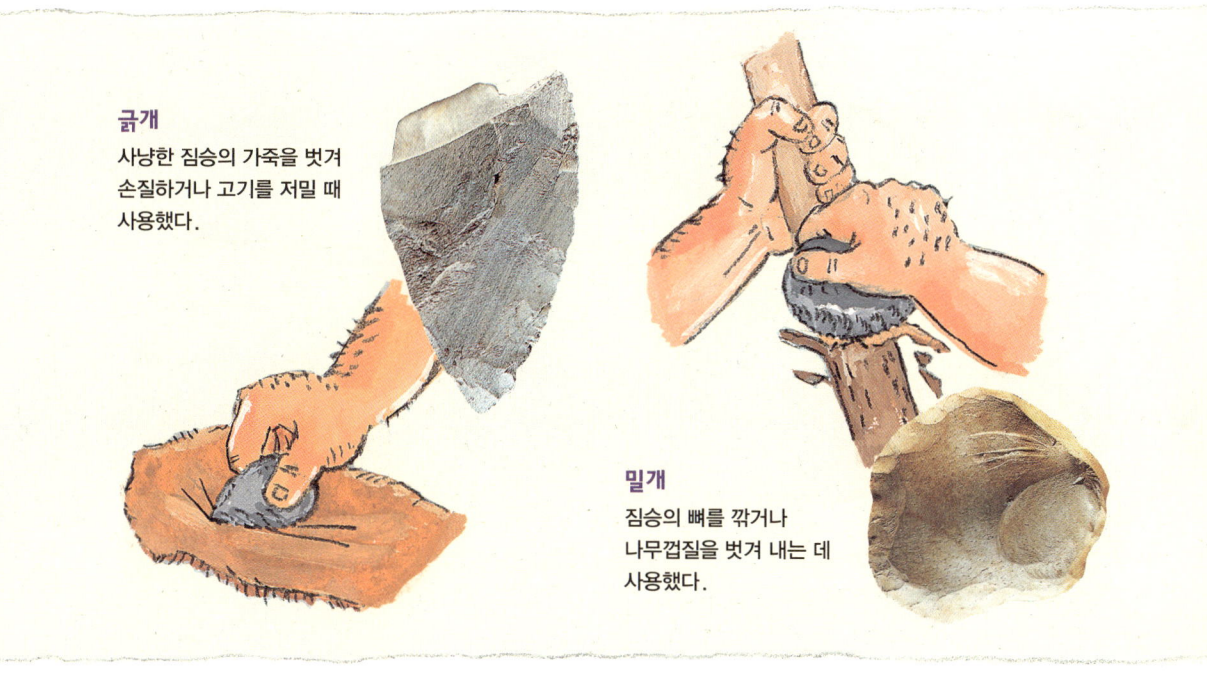

긁개
사냥한 짐승의 가죽을 벗겨 손질하거나 고기를 저밀 때 사용했다.

밀개
짐승의 뼈를 깎거나 나무껍질을 벗겨 내는 데 사용했다.

고기를 잡으러 강으로, 바다로

1만 년 전쯤 빙하는 완전히 물러가고 날씨가 다시 따뜻해졌다. 얼음이 녹고, 바다가 높아져 오늘날의 자연환경과 거의 비슷해졌다. 몸집이 커다란 동물은 사라지고 몸집이 작은 짐승이 많아졌다. 바다에는 커다란 고래도 살고, 물고기도 많았다. 썰물 때에 갯벌에 나가면 조개를 쉽게 잡을 수 있었다. 조개는 사람들에게 좋은 먹을거리가 되었다. 이제 사람들은 강가나 바닷가에 나와 움집을 짓고 살기 시작했다.

남자들이 큰 고기를 잡으러 바다로 나간 사이, 여자들은 부산 동삼동 바닷가에 앉아 잡아 온 조개를 모아 손질하고 있었다. 조갯살을 발라내

햇볕에 말려 두면 오래 두고 먹을 수가 있었다.

　엄마 옆에 앉아 일을 거들던 여자아이는 조개를 손질하다가 재미있는 생각이 났는지, 조개껍데기에 구멍 2개를 뚫었다. 웃고 있는 눈 같았다. 입도 만들어 주려고 하려는 찰나, 엄마가 꿀밤을 먹이는 바람에 손이 엇나가 입 모양이 조금 찌그러졌다.

　그때 바다에 나갔던 사람들이 돌아왔다. 여자아이는 조개를 팽개치고 아빠에게 뛰어갔다.

　바깥 화덕에 불을 피워 아빠가 잡아 온 다랑어를 구웠다. 옆에선 불로 달군 돌멩이 위에 굴을 올려놓고 물을 끼얹었다. 피시식~ 김이 한꺼번에

그물
신석기 시대 사람들은 물고기를 쉽게 잡기 위해 끈을 엮어 그물을 만들고, 가장자리에 돌을 매달아 그물이 물속에 가라앉게 했다. 당시 그물의 복원품이다.

부산 동삼동 조개더미
조개더미는 신석기 시대의 쓰레기 처리장으로 토기, 뼈 작살, 화살촉 등의 생활 도구와 함께 조개 팔찌, 사람 얼굴 모양 조가비 등이 나왔다.

올라오면서 굴이 입을 벌렸다. 다 같이 둘러앉아 함께 먹었다. 다랑어는 매일 먹는 조개보다 훨씬 맛있었다. 아빠는 생선 **뼈** 가운데에서 쓸 만한 것을 고른 뒤 나머지는 조개더미에 버렸다.

엄마는 조개 팔찌를 정성 들여 만들었다. 바다 건너 남쪽 땅에 가서, 작살에 붙이는 까만 돌멩이랑 바꿔 올 거라고 했다. 아이는 엄마 몰래 팔찌를 껴 보았다가 깨뜨려 혼쭐이 났다. 엄마는 깨진 조개 팔찌를 조개더미에 버렸다.

부산 동삼동의 조개더미는 오랜 세월이 지나 오늘날 우리에게 이들의 삶을 보여 주는 기록 사진이 되었다.

1 우리 역사의 시작 · 21

씨 뿌리고 농사짓기

몸집이 큰 동물들이 사라지면서 사람들은 작고 날쌘 동물들을 잡아야 했기 때문에 좀 더 날카롭고 정교한 도구를 만들기 시작했다. 누군가 뗀석기 날을 갈아서 더 뾰족하고 날카롭게 만들어 보았다. 돌을 갈면 원하는 부분에 날을 세울 수 있었고, 무뎌지면 다시 갈아서 날카롭게 만들 수 있었다. 뗀석기보다 좋은 점이 많다는 사실을 알게 된 사람들은 점점 더 많은 부분을 갈아서 만든 간석기를 사용하게 되었다.

한강 가에 자리 잡은 암사동 마을은 움집이 서른 개나 세워진 커다란 마을이었다. 움집은 비바람을 막아 주는 소중한 보금자리였는데, 1미터 정도 땅을 파고 내려가 집터를 마련했다. 이렇게 만들면 겨울에는 좀 더 따뜻했고, 여름에는 시원했다.

마을 사람들은 앞에 흐르는 강에 나가 고기를 잡고, 뒷산에서 사냥을 했다. 가을이면 산에서 도토리를 모아 겨울 내내 먹을 양식으로 썼다. 도토리는 떫은맛이 나서 그냥 먹을 수가 없었다. 그런데 도토리를 넓적한 갈판 위에 올려놓고 갈돌로 문질러 껍질을 벗긴 뒤 가루로 만들어서 물에 담가 두면 신기하게도 떫은맛이 없어졌다. 들에서 따온 곡식 알갱이도 가루로 만들어 죽을 끓여 먹거나 반죽을 해서 구워 먹었다.

곡식을 보관하고, 물을 부어 끓이기 위해서 그릇이 필요했다. 흙을 빚어 밑이 뾰족한 모양의 그릇을 만들고 무늬를 넣은 뒤 불에 구워서 토기를 만들어 냈다. 이렇게 만든 빗살무늬 토기는 강가나 바닷가의 모래밭에 심어 놓고 사용하거나 구멍을 뚫어 끈을 꿰어서 걸어 놓기도 했다.

들판에서 저절로 자라는 곡식들을 따 먹던 사람들은 시간이 지나자 곡식 알갱이가 땅에 떨어지면 자라서 많은 열매를 맺는다는 사실을 발견했다. 농사짓는 방법을 알게 된 것이다.

먼저 들에 불을 지른 뒤 뿔괭이와 돌보습으로 땅을 갈았다. 잡초를 뽑고 커다란 돌을 치우고 흙을 뒤엎어 부드럽게 만드는 일은 힘든 노동이었다. 흙을 다 고른 뒤 조 알갱이를 뿌렸다. 그리고 하늘을 올려다보며 농사가 잘 되게 해 달라고, 많은 열매가 맺게 해 달라고 빌었다.

짐승을 잡아다 우리에 넣고 키우기도 했고, 옷도 만들어 입었다. 짐승의 가죽을 벗겨서 다듬는 기술은 날이 갈수록 발전했고, 실을 만들어 옷감을 짜는 방법도 알게 되었다. 식물의 줄기를 세로로 길게 자른 다음, 가락바퀴를 사용해 꼬아 주면 길고 질긴 실이 되었다.

사람들은 자연 속에 숨어 있는 원리를 찾아내서 생활에 쓸모 있는 물건들을 만들어 냈다. 이제 자연이 주는 대로 받고 자연에 의존해서 살아가던 방식에서 벗어나 인간 스스로 자연을 이용하기 시작한 것이다.

강이나 바다에서 물고기를 잡거나 조개를 캐고, 활과 화살로 작고 날쌘 짐승들을 잡고, 곡식을 길러 거둘 수 있게 되자 여러 가지 먹을거리가 많아졌다.

그러나 여전히 모든 사람이 배부르게 먹기에는 부족했고, 마을에 사는 사람 모두가 마음을 모으고 힘을 모아 일해야 겨우 굶주림을 면할 수 있었다. 적은 생산물을 함께 나누어 먹을 수밖에 없다 보니, 더 많이 가진 사람도 없고, 지위가 더 높은 사람도 없었다.

빗살무늬 토기
우리나라 신석기 문화를 대표하는 토기. 뾰족한 밑 부분을 땅에 묻거나 구멍에 끈을 달아 걸어 두었다.

갈돌과 갈판
넓적한 갈판에 곡식을 올려놓고 갈돌로 갈면 쉽게 껍질을 벗기거나 가루로 만들 수 있다.

청동기가 나눈 세상

지배자가 나타나다

푸른 하늘에 새하얀 구름이 가볍게 흘러가고 있었다. 누렇게 익어 가는 벼를 보니 웃음이 절로 났다. 송국리 사람들은 반달 돌칼과 돌낫을 들고 가을걷이를 하러 나갔다. 아이는 반달 돌칼을 손에 쥐고 벼 이삭을 땄다. 어른들은 돌낫을 들고 벼를 베었다. 해가 저물녘이 되자 사람들은 하루 종일 추수한 곡식을 들고 마을로 돌아왔다.

농사를 짓게 된 것은 그야말로 신의 축복이었다. 농작물은 저마다 생김

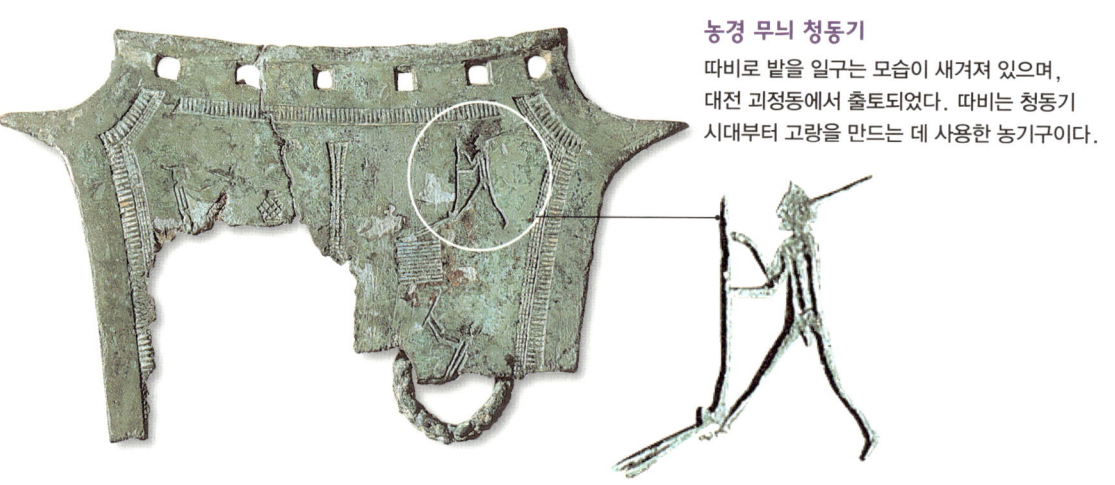

농경 무늬 청동기
따비로 밭을 일구는 모습이 새겨져 있으며, 대전 괴정동에서 출토되었다. 따비는 청동기 시대부터 고랑을 만드는 데 사용한 농기구이다.

돌낫
청동기 시대 사람들은 돌을 날카롭게 갈아서 낫으로 사용했다.

반달 돌칼
잘 익은 이삭을 자를 때 사용했다. 2개의 구멍에 끈을 엮어 손에 잡고 이삭을 땄다.

새도 달랐고, 자라는 방식도 달랐다. 빨리 자라서 열매를 맺는 씨앗이 있는 반면, 천천히 자라는 씨앗도 있었다. 물을 많이 주어야 잘 자라는 곡식도 있었고, 물을 적게 주어야 잘 자라는 곡식도 있었다. 또 시기에 따라 물의 양을 잘 조절해야 하는 까다로운 곡식도 있었다.

농사를 잘 지으려면 날씨의 변화를 짐작하고 계절의 변화를 앞서 나갈 수 있어야 했다. 농사를 짓기 시작한 뒤로 사람들은 어떻게 하면 더 많은 결실을 맺는지 알아내기 위해 끊임없이 노력했다.

기술은 천천히 발달했다. 나무를 베어 내고, 나무뿌리를 없애고 풀을 뽑아서 농사지을 수 있는 땅을 조금씩 넓혀 갔다. 땅을 갈아서 길게 이랑과 고랑을 내고 씨를 뿌렸다. 농사짓는 데 꼭 필요한 물을 대기 위해 도랑을 파서 물길을 냈다. 이런 일들은 혼자서 하기 어려웠기 때문에 사람들이 함께 힘을 합쳐야만 했다. 여러 사람이 함께 일을 하다 보니 계획을 세우고 지도할 누군가가 필요했다.

  기술이 발달하면서 곡식의 생산량이 늘자 더 많이 갖고 싶다는 욕심이 생겨났다. 자기가 농사지은 곡식을 자기 집으로 가져가고, 자기가 만든 농기구나 모은 곡식을 자기 자식에게 물려주고 싶었던 것이다. 여러 해 농사를 망쳤거나 아버지가 일찍 죽거나 다친 집은 점점 가난해졌다. 그러면서 재산이 많은 사람과 적은 사람이 생겨났다. 남의 재산을 **빼앗**거나 훔치는 사람도 나타났고, 재산을 차지하기 위한 싸움도 일어났다. 따라서 싸움을 조정하고, 도둑을 잡고, 마을의 일을 지휘할 사람이 필요했다.

  같은 마을에 사는 사람이라도 이제 똑같은 사람들이 아니었다. 남들보다 힘센 사람, 경험이 많고 아는 것이 많은 사람, 하늘의 뜻을 들을 수 있어서 날씨를 미리 예측할 수 있는 사람들은 재산을 늘렸고 군장이 되어 다른 사람들을 다스렸다. 지배하는 사람과 지배를 받는 사람이 생겨난 것이다.

전쟁이 잦아지다

강가나 바닷가에 살던 사람들은 이제 야트막한 언덕배기로 옮겨 살기 시작했다. 집은 조금 더 커졌고, 마을 한가운데에는 커다란 군장의 집이 자리 잡았다. 마을에는 울타리를 둘렀다. 울타리 밖에 있는 땅을 여기저기 갈아서 한쪽에는 조와 콩을 심고, 물이 잘 흐르는 낮은 땅에는 벼를 길렀다.

  송국리 군장은 울타리를 둘러보면서 지시를 내렸다.

"이쪽 울타리가 무너졌구먼. 튼튼하게 다시 세우게. 한눈팔지 말고

망을 잘 보아야 하네. 언제 놈들이 쳐들어올지 모르니까."

 농사가 점점 중요해지면서, 농사짓기에 좋은 땅이나 필요한 물을 차지하기 위해 싸움이 일어났다. 그러더니 이제는 마을로 쳐들어와 추수해 놓은 곡식을 몽땅 차지하려는 자들이 나타났다. 사냥한 짐승을 빼앗기면 며칠 굶으면 되지만, 거둬들인 곡식을 빼앗기면 1년 치 식량이 없어졌다. 게다가 싸움에 지면 집을 잃고 끌려가서 노예가 되기도 했다.

 마을 사람들은 군장의 지시에 따라 적을 막아 낼 준비를 했다. 적이 쉽게 들어올 수 없도록 울타리 둘레의 땅을 파서 물을 채우거나 함정을 만들었다. 추수를 막 끝낸 시기가 가장 조심해야 할 때였다.

 갑자기 북쪽 울타리를 지키던 사람들이 웅성거리기 시작했다. 군장은 바짝 긴장하고 소리가 나는 쪽으로 한달음에 달려갔다. 낯선 사람들이 달려오고 있었다. 이들의 수가 많지 않아 얕잡아 본 송국리 사람들은 울타리 밖으로 적을 맞으러 나갔다. 수염을 덥수룩하게 기른 커다란 덩치가 손에 칼을 들고 맨 앞에서 달려오고 있었다. 순간 송국리 사람들은 깜짝 놀랐다. 덩치 큰 자의 칼이 햇빛을 받아 번쩍였기 때문이다. 눈 깜짝할 사이에 칼이 송국리 군장의 몸에 꽂혔다. 칼에 난 홈을 따라 흘러내린 피가 군장의 옷을 붉게 적셨다.

 놀란 송국리 사람들은 울타리 안으로 도망을 쳤다. 너 나 할 것 없이 손에 잡히는 대로 돌멩이를 집어 던지고 화살을 쏘면서 온 힘을 다해 적을 막았다. 어두워지자 낯선 적들은 돌아갔지만, 내일이면 더 많은 적이 다시 올지도 모른다는 생각에 송국리 사람들은 잠을 이루지 못했다.

 그 빛나는 칼은 도대체 무엇으로 만든 것이었을까?

빛나는 청동검

덩치 큰 사람이 들었던 칼은 청동검이었다. 돌보다 단단한 재료를 찾기 위해 인류는 오랫동안 고민했다. 돌 속에 빛나는 저 알갱이들은 무엇일까? 화산에서 뿜어져 나온 용암이 굳으면서 생긴 매끄러운 물질은 무엇일까? 산불이 꺼진 뒤 바위 표면에 녹아 나온 반짝이는 물질은 무엇일까? 오랜 세월 돌을 다뤄 온 사람들은 여러 가지 돌멩이를 불 속에 넣어 보면서, 마침내 구리가 들어 있는 돌멩이를 구별하는 방법과 구리를 녹이기 위해 온도를 높이는 방법을 찾아냈다.

그런데 구리는 무른 금속이었기 때문에 그냥 쓸 수 없었다. 고민은 계속되었고, 여러 번 시도한 끝에 주석이나 아연을 녹여 구리에 섞으면 단단해진다는 사실을 알아냈다. 주석을 많이 섞으면 흰빛에 가까운 색이 되어 반짝반짝 빛난다는 사실도 알게 되었다. 구리에 주석을 섞어 만든 금속을 '청동'이라고 부른다. 한반도 북부와 만주 지방에서는 약 4000년쯤 전에 청동을 만들어 사용하기 시작했다.

청동은 재료를 구하기 어려운 데다 기구를 만드는 과정도 복잡했다. 청동검을 만들려면 먼저 부드러운 돌을 깎아서 원하는 칼 모양의 거푸집을 만들어야 했다. 그리고 돌 속에 숨어 있는 구리를 찾아내 녹인 뒤 주석을 녹여 정확한 양을 구리에 섞은 다음 거푸집에 부었다. 식을 때까지 기다렸다가 거푸집을 떼어 낸 뒤 숫돌에 갈아서 다듬으면 청동검이 만들어지는데, 조금만 잘못해도 흠이 생겨서 쓸 수 없게 되곤 했다. 이렇게 청동기를 만드는 데는 특별한 기술이 필요해서 아무나 만들 수가 없었다. 많은

청동검을 만드는 과정

❶ 청동 쇳물 만들기
구리에 주석 또는 아연을 넣고 불을 피운 뒤 공기를 불어 넣는다. 온도가 올라가면 청동 쇳물을 얻을 수 있다.

❷ 거푸집에 쇳물 붓기
쇳물을 끊기지 않게 거푸집에 붓는다. 거푸집은 끈으로 묶어 둘로 나뉘지 않도록 한다.

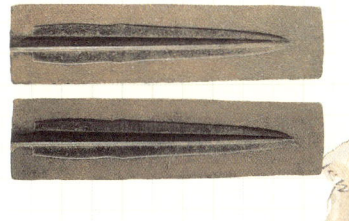

❸ 청동기 다듬기
거푸집이 식으면 거푸집을 분리해 청동기를 꺼내어 숫돌에 갈아서 날을 세우거나 다듬는다.

시간과 노력이 필요했을 뿐만 아니라 비용도 많이 들었다. 그렇기 때문에 청동기를 만드는 기술자들에게 먹을거리와 잠자리를 줄 수 있고, 많은 비용을 댈 수 있는 사람만이 청동기를 가질 수 있었다.

청동기는 곧 권력을 상징했다. 청동기를 가진 부족은 전쟁에서 승리했고, 넓은 땅과 많은 재산을 차지할 수 있었다.

제사는 또 다른 정치

전쟁의 회오리가 한바탕 훑고 지나간 송국리에는 불에 탄 집터만 여기저기 남아 있었다. 빛나는 청동검을 가진 부족이 마을과 주변의 논밭을 차지했다. 새로 지배자가 된 군장은 커다란 청동 거울을 목에 걸고, 청동 방울을 손에 든 채 신에게 제사를 올렸다. 햇빛을 받은 청동 거울은 마치 태양을 목에 걸고 있는 것처럼 번쩍거렸다. 청동 방울은 흔들 때마다 요란한 소리가 났는데, 정신이 다 빠져나가는 것처럼 번쩍거렸다. 빛나는 청동검을 본 송국리 사람들은 머리를 땅에 조아리며 두려움에 떨었다.

군장은 제사를 마치고 큰 소리로 마을 사람들에게 외쳤다.

"신께서 나를 이 마을의 지배자로 인정하셨다. 너희는 나에게 복종하라."

군장은 씨를 뿌린 뒤나 추수를 하고 난 뒤에 하늘에 제사를 올렸다. 농사가 잘 되고 못 되는 것은 오로지 하늘의 뜻에 달렸고, 하늘과 이야기를 할 수 있는 사람은 군장뿐이었다. 다른 부족과 전쟁을 하러 나갈 때에는 제사를 올려 하늘의 뜻을 물었다. 승리할 것이라는 점괘가 나오면 모두 환호성을 질렀고, 사기가 올랐다. 마을을 지배하는 군장의 힘은 제사

의식을 통해 점점 더 강해졌다.

    어느 날 송국리 군장이 죽었다. 지위가 높건 낮건, 재산이 많건 적건 사람은 누구나 죽게 마련이지만 이제 죽음도 평등하지 않은 세상이 되었다. 군장의 무덤은 크고 화려하게 만들어졌다. 힘센 남자 어른 수십 명이 멀리서 돌을 끌어왔다. 땅을 파고, 커다랗게 자른 돌로 시체를 넣을 수 있는 상자 모양의 널을 만들었다. 그 속에 군장의 시체를 넣고 공들여 만든 비파형 청동검, 돌화살 촉, 돌칼, 옥으로 만든 장신구 등을 함께 넣었다.

청동기 시대 족장의 모습
청동 무기와 청동 방울을 들고, 청동 거울을 목에 건 채 하늘에 제사 지내는 족장의 모습이다.

장대 투겁

쌍두령

팔주령

청동 거울

종방울

죽은 군장을 위해 고인돌 무덤을 만들기도 했다. 고인돌 맨 위의 덮개돌은 수십 톤에서 수백 톤에 이르렀다. 이렇게 커다란 돌을 옮기려면 100명도 넘는 사람이 필요했다. 살아서 많은 사람을 다스린 강한 군장일수록 더 크고 웅장한 고인돌에 묻혔다. 고인돌은 주변이 잘 보이는 높은 곳에 세워져 마을의 상징처럼 여겨졌다. 모양과 크기가 가지가지인 고인돌이 우리 땅 곳곳에 세워졌다. 심지어 400개가 넘는 고인돌이 모여 있는 곳도 있었다.
　오랜 세월 동안 천천히 발전해 오던 사회는 이제 빠른 속도로 달라지기

고인돌
청동기 시대를 대표하는 무덤이다. 고인돌은 커다란 덮개돌을 받침돌로 괴고 있다고 해서 붙인 이름이다. 우리나라에는 3만 5000여 기의 고인돌이 있다.

시작했다. 군장들은 좀 더 많은 땅과 사람을 차지하기 위해 쉴 새 없이 이웃 부족과 전쟁을 벌였다. 이제 전쟁에 나가서 싸움만 하는 군인들이 생겨났다. 군장들은 곡식을 세금으로 걷어 더 날카롭고 단단한 무기를 만들고, 더 많은 군인을 거느렸다. 대부분의 사람은 힘들게 농사짓고 일해서 세금을 바쳤다. 전쟁에서 진 사람들은 끌려가서 노예가 되었다. 지배자의 권력과 재산을 지키기 위해 법이 만들어졌다. 군장이 다스리는 마을은 점점 더 커지고 복잡해졌고, 서서히 국가의 모습이 나타나기 시작했다.

고인돌 만드는 과정

❶ 돌을 캐낸다.

❷ 통나무를 이용해 돌을 옮긴다.

❸ 받침돌을 세우고 흙을 덮는다.

❹ 덮개돌을 얹고 흙을 치운다.

우리 겨레 첫 나라, 고조선

단군, 고조선을 세우다

우리 겨레가 처음 세운 나라는 '단군왕검'이 다스리는 나라, '조선'이었다. 단군왕검은 발달된 청동기를 앞세워 주변의 여러 부족을 하나로 묶어 나라를 세웠다. 그리고 자신을 하늘의 자손이라고 내세웠다. 단군왕검의 아버지는 하늘 신의 아들로 하늘에서 내려왔으며, 어머니는 곰이 변한 여자라고 했다. 사람들에게 곰은 산신과 같은 신성한 존재였으니, 단군왕검은 그야말로 신의 아들이라는 뜻이었다.

조선을 세운 단군왕검의 이야기는 입에서 입으로 전해지면서 신화가 되었다. 그 뒤 조선의 지배자를 모두 '단군왕검'이라고 불렀다. 단군왕검은 하늘에 제사를 지내는 제사장이며, 하늘의 뜻에 따라 조선을 다스리는 왕이었다. 이 나라를 훗날 사람들은 오래된 조선이라는 뜻으로 '고조선'이라고 불렀다.

옛날, 하늘나라를 다스리는 환인에게 환웅이라는 아들이 있었다. 하늘 아래 세상에 관심이 많았던 환웅은 아버지에게 땅으로 내려가고 싶다고 말했다. 환인에게 허락을 받은 환웅은 천부인 3개와 비, 바람, 구름을 다스리는 신하와 무리 3000명을 거느리고 땅에 내려왔다. 환웅은 '널리 인간 세상을 이롭게 하겠다.'는 홍익인간(弘益人間)의 뜻을 품고, 태백산 꼭대기에 있는 신단수 아래에 신시를 열고 사람들을 다스리기 시작했다.

어느 날 곰 한 마리와 호랑이 한 마리가 환웅에게 찾아와서 사람이 되게 해 달라고 빌었다. 환웅은 쑥과 마늘을 내밀면서 '백 날 동안 이 쑥과 마늘만 먹으면서 살면 사람이 될 것이다.'라고 했다.

곰과 호랑이는 기뻐했지만, 쑥과 마늘만으로 100일을 버틴다는 것은 쉽지 않았다. 호랑이는 결국 참지 못하고 동굴을 뛰쳐나가고 말았다. 그러나 환웅이 시키는 대로 잘 견뎌 낸 곰은 삼칠일(21일) 만에 예쁜 여자로 다시 태어났다. 이 여자와 환웅 사이에서 태어난 아이가 단군왕검이다. 단군은 아사달에 나라를 세우고 그 이름을 '조선'이라고 했다. 단군은 1500년 동안 조선을 다스리다가 신선이 되었는데, 이때 단군의 나이가 1908세였다.

- 《삼국유사》

고조선의 세력 범위와 청동기 유물
고인돌(탁자형)과 비파형 동검, 미송리형 토기의 분포 지역을 통해 고조선의 세력 범위를 짐작할 수 있다. 세형 동검은 한반도에서만 출토되는데, 비파형 동검보다 늦은 시기에 만들어졌다.

미송리형 토기   비파형 동검   세형 동검

고조선의 역사는 밝혀지지 않은 것이 많아서 고조선의 도읍 아사달이 어디였는지, 고조선의 영토가 얼마나 넓었는지 확실하게 알 수 없다. 더더욱 이 시대의 국경은 오늘날처럼 정확하게 정해져 있는 것이 아니었기 때문에 세력이 커지면 영향을 받는 지역이 넓어졌다가 전쟁에서 지거나 힘이 약해지면 금세 줄어들었다.

그런데 비파라는 중국 악기와 비슷하게 생겨서 비파형 동검이라 불리는 청동검을 만들어 쓰던 지역이 있었다. 그들은 손잡이가 달리고 윗부분의 아가리가 넓게 올라온 토기를 만들었고, 커다란 탁자처럼 생긴 고인돌을 세웠다. 이 고인돌은 랴오허 강의 동쪽에서부터 한반도 북부 지역까지 퍼져 있었는데, 이곳을 고조선의 세력이 미쳤던 땅이라 짐작하고 있다.

 이웃 나라와 힘을 겨루면서 수백 년 동안 성장한 고조선은 드디어 기원전 4세기쯤 중국 여러 나라와 어깨를 나란히 하게 되었다. 이 무렵 중국은 제나라·초나라·연나라·진나라·위나라 등 여러 나라로 나뉘어 서로 다투고 있었다. 이들은 중국을 통일해 넓은 땅의 주인이 되기 위해 전쟁을 계속했고 사회는 몹시 혼란했다. 나라마다 뛰어난 인재들을 찾았고, 철을 다루는 기술을 발전시켜 서로 강한 나라가 되려고 했다.

 그 가운데 고조선의 서쪽 옆에 있던 연나라는 점점 세력을 넓혀 나가면서 고조선을 공격했다. 고조선은 단단한 철제 무기로 공격해 오는 연나라의 힘에 밀려 영토를 많이 빼앗기고 나라의 중심지를 옮기기도 했다.

강상 무덤 터와 주인공 무덤의 바닥면
고조선 지방 귀족의 무덤으로 추정되는 순장 무덤이다. 23개의 무덤구덩이가 있고 그 구덩이마다 여러 유골이 묻혔는데, 총 140명이 넘는 사람의 뼈가 발굴되었다.

조선의 왕이 된 위만

중국 여러 나라의 전쟁이 막바지로 치닫자 연나라와 제나라 백성들 가운데 많은 사람이 전쟁을 피해 고조선으로 옮겨 왔다. 그들은 고조선 사람들에게 철을 다루는 기술을 가르쳐 주었다. 철은 청동보다 단단한 데다 가벼웠으며 매장량도 많아 무기나 농기구로 쓰기에 좋았다.

기원전 221년 마침내 진나라의 시황제가 중국을 통일했다. 그러나 시황제는 백성들을 무자비하게 통치했고, 그가 죽자 진나라는 통일한 지 15년 만에 멸망했다. 뒤를 이어 한나라가 중국을 다시 통일했다. 연나라 왕은 싸움에서 패한 뒤 흉노국으로 도망쳤다. 그의 부하였던 위만은 무리 1000여 명을 이끌고 고조선의 준왕을 찾아왔다.

준왕은 고조선 사람처럼 옷을 입고 예의를 갖춰 머리를 숙이는 위만이 마음에 들었다. 위만이라면 갑자기 밀려드는 사람들로 무척 혼란스럽던 서쪽 국경 지방을 잘 다스릴 수 있을 것 같았다. 또 위만의 무리가 알고 있는 발달된 기술과 문화도 탐이 났다. 준왕은 위만에게 관직과 땅을 주고 국경을 지키게 했다. 위만은 준왕의 믿음을 얻어 힘을 키워 나갔다.

기원전 194년, 서쪽 국경을 지키는 위만에게서 급한 소식이 날아왔다.

"지금 한나라의 군대가 쳐들어오고 있습니다. 적군이 열 군데로 나뉘어 공격해 오고 있으니 어디를 막아야 할지 모르겠습니다. 제가 군사를 이끌고 가서 왕검성을 지키겠습니다. 성문을 열어 들여보내 주십시오."

다급했던 준왕은 위만을 믿고 성문을 열어 주었다. 그러나 한나라가 쳐들어온다는 것은 거짓말이었다. 왕위를 노린 위만이 왕검성을 차지하기 위해 군대를 몰고 쳐들어온 것이다. 위만은 준왕을 내쫓고 고조선의 왕이 되었다. 쫓겨난 준왕은 신하와 백성들을 이끌고 한강 남쪽으로 내려가 진국을 세웠다.

　고조선의 왕이 된 위만은 나라 이름을 바꾸지 않고, 고조선의 법과 제도를 그대로 이어받아 나라를 다스렸다. 위만은 강력해진 철제 무기를 앞세워 주변 지역을 정복해 나갔고, 한나라와는 좋은 관계를 맺으려고 노력했다. 고조선의 세력은 날이 갈수록 점점 커졌다.

　고조선이 발전하면서 나라를 다스리는 제도가 마련되었고, 질서를 지키기 위한 엄격한 법도 만들어졌다.

고조선의 8조법

- 사람을 죽인 자는 사형에 처한다.
- 남을 다치게 한 자는 곡식으로 갚는다.
- 도둑질한 자는 종으로 삼으며 용서를 받으려면 많은 돈을 내야 한다.

　고조선에는 8개의 법이 있어, 살인을 하거나 남을 다치게 하는 일을 금지했다. 생명을 보호하기 위한 것이기도 하지만 고조선에서 이를 법으로 정한 데는 다른 이유도 있었다. 그때는 사람의 힘으로만 농사를 짓고 일을 하던 시대였기 때문에 일할 수 있는 사람, 다시 말해 노동력은 부자들의 가장 큰 재산이었다. 고조선은 이미 많은 재산을 가진 권력자, 가난한 농민, 자신의 몸을 바쳐 일하는 노예로 신분이 나뉜 사회였다. 그래서

이 법을 통해 부자들은 자기 재산과 다름없는 사람들을 보호하려고 했던 것이다. 따라서 고조선의 법은 주로 부자의 재산과 지배자의 권력을 지키기 위한 것이기도 했다.

한과의 전쟁, 그리고 고조선의 멸망

고조선 사람들은 주변의 여러 나라와 교역을 했는데, 특히 국경을 맞대고 있는 중국과 활발히 교류했다. 고조선의 베는 품질이 좋기로 소문이 자자했고, 짐승 가죽, 털옷, 짐승 털로 짠 옷감, 활과 화살도 인기가 있었다. 고조선으로 오는 중국 상인들은 주로 철로 만든 물건이나 거울, 기와 같은 것을 가져와서 팔았다. 이들은 칼 모양으로 생긴 '명도전'이라는 화폐로 물건 값을 치렀다.

위만의 손자 우거왕은 한반도 남쪽에 있는 진국을 비롯한 작은 나라들이 한나라로 가는 길을 가로막고 중간에서 많은 이익을 챙겼다. 진국이 한나라의 문물을 받아들이려면 고조선을 거쳐야만 했기 때문에 고조선의 영향력은 날로 커져 갔다. 일본 사람들도 고조선에 드나들었다.

한나라의 무제는 이런 고조선을 눈엣가시처럼 여겼다. 중국 주변에 살던 민족을 정복해 대제국을 건설한 무제는 중국 역사상 가장 위대한 황제 가운데 한 사람이다. 고조선의 우거왕은 한나라를 견제하고 세력을 키우기 위해 한나라와 사이가 나빴던 흉노와 손을 잡았다. 그것이 매우 못마땅했던 무제는 섭하를 고조선에 사신으로 보냈다.

"흉노와 외교 관계를 끊고 한나라를 섬겨라."

고조선의 중계 무역
우거왕 때 고조선은 남쪽에 있는 나라들이 한나라로 가는 길을 가로막고 무역을 독차지해 경제적 이익을 얻었다.

명도전
칼 모양으로 생긴 중국 연나라의 화폐로 고조선에서도 사용되었다.

 섭하가 무제의 말을 전했으나 우거왕은 한나라에게 머리를 숙일 생각이 전혀 없었다. 아무런 성과도 없이 한나라로 돌아가던 섭하는 자신을 배웅 나온 고조선의 장수를 살해했다. 이 사실을 알게 된 고조선 사람들은 분노했다. 그러나 한나라의 무제는 섭하를 처벌하기는커녕 보란 듯이

1 우리 역사의 시작 · **43**

고조선과 국경을 맞대고 있는 요동 지방의 군사 책임자로 삼았다. 화가 난 우거왕은 군사를 보내 섭하를 죽였다.

한나라 무제는 이를 빌미로 대규모 군사를 보내 고조선을 공격했다. 그러나 7000명에 이르는 수군은 상륙하자마자 고조선 군대의 기습 공격을 받아 쓰러졌고, 5만 명에 이르는 육군은 첫 번째 전투에서 크게 패배하고 말았다. 무제는 고조선을 쉽게 이길 수 없다는 사실을 깨닫고 다시 사신을 보냈다. 한나라와의 싸움이 버거웠던 고조선에서도 태자를 보내 협상을 시도했다.

강을 사이에 두고 한나라의 사신과 고조선의 태자가 마주했다. 한나라의 사신은 고조선의 태자에게 협상을 하려면 무기를 모두 버리고 강을 건너오라고 했다. 그러나 태자는 무기도 없이 갔다가 죽임을 당할 수도 있다는 생각에 그냥 돌아가 버렸다. 전쟁을 피하고 나라를 지킬 수도 있었던 협상은 안타깝게도 깨지고 말았다.

고조선 군대에게 크게 패한 한나라 군대가 간신히 왕검성에 도착했다. 한나라에서는 군대를 더 보내 왕검성을 공격하도록 했다. 그러나 왕검성은 끄떡도 하지 않았다. 한나라는 작전을 바꾸었다. 시간을 질질 끌면서 항복하면 한나라 사람처럼 잘 대해 주겠다며 고조선의 지배층을 회유했다.

전쟁이 길어지자 왕검성 안에서도 한나라와 화해하자는 목소리가 점점 커졌다. 하지만 우거왕은 꿈쩍도 하지 않았다. 왕이 의견을 받아들이지 않자 한나라와 화해하고자 했던 사람들 중에는 1만 명이나 되는 무리를 이끌고 남쪽으로 떠나 버린 사람도 있었다.

그 뒤 고조선의 지배층은 심하게 흔들렸고, 가장 높은 벼슬을 하던 신하와 장군들이 한나라에 항복하기로 결정했다. 그러나 우거왕이 변함없이 전쟁을 계속하려 하자, 한나라에 항복한 사람들이 자객을 보내 우거왕을 살해했다.

우거왕이 죽고 왕자까지 항복했지만, 왕검성은 무너지지 않았다. 고조선의 대신 성기가 성안 사람들을 모아 계속 저항한 것이다. 그러나 한나라에 항복한 무리는 성기도 암살해 버렸다. 얼마 뒤 왕검성의 문이 열렸다. 고조선은 거대 제국 한나라의 공격에 맞서 1년 넘게 버텼지만, 지배층의 분열로 결국 허무하게 멸망하고 말았다. 이때가 기원전 108년이었다.

한나라는 고조선 땅에 4개의 군을 설치하고 직접 지배하려고 했다. 그러나 고조선 백성들의 저항에 부딪혀 3개 군은 금세 사라졌고 낙랑군만 남게 되었다. 낙랑군은 중국의 문물을 한반도로 들여오는 창 구실을 했다. 옛 고조선 땅에서는 고구려가 일어났고, 남쪽에서는 고조선 유민들이 철기 문화를 퍼뜨리면서 삼한이 성장하기 시작했다.

만약에

연도를 세는 방법이 없어진다면?

올해는 몇 년이지? 내가 태어난 해는 언제일까? 어느 날 자고 일어났더니 달력의 연도가 모두 사라져 버렸다면 연도를 세는 방법을 어떻게 만들어야 할까? 새로운 방법을 찾기 위해 세계 어린이들이 인터넷으로 만났다.

일본 천황이 즉위한 지 27년이 되었으니까, '천황 27년'이 어때?

아카사

우리나라에는 천황이 없으니까 '44번째 대통령 임기 7년째 되는 해'로 불러야 하나?

앨리스

예수님이 태어난 해를 기준으로 삼아서 연도를 세면 어떨까? 크리스트교는 세계 여러 나라 사람이 믿고 있잖아.

피터

푸름이는 2005년에 태어났다. 그런데 푸름이가 일본에서 태어났다면 '헤이세이 17년'에, 태국에서 태어났다면 '불기 2549년'에, 이슬람교를 믿는 지역에서 태어났다면 '이슬람력 1426년'에 태어났다고 했을 것이다.

우리가 자연스럽게 사용하고 있는 연도는 기준이 무엇이냐에 따라 달라진다. 2005년이라는 연도는 '서기', 다시 말해 '서력 기원'으로 예수가 태어난 해를 기원(기준이 되는 해)으로 삼아서 연도를 세는 방법이다. 그러니까 2005년은 '예수가 태어난 해로부터 2005번째 되는 해'라는 뜻이 된다. 현재 우리나라를 비롯해 세계 여러 나라에서 공통으로 사용하고 있는 방법이다. 그렇다면 예수가 태어나기 전의 연도는 어떻게 셀까? 예수 탄생 1년 전은 기원전 1년, 예수 탄생 2년 전은 기원전 2년, 이렇게 거꾸로 세어 나가기로 했다. 100년을 한꺼번에 묶어 '세기'라고 한다.

   과거에 중국을 비롯한 동아시아에는 '연호'라는 것이 있었다. 황제가 즉위한 해를 기준으로 연도를 세는 것이다. 예를 들면 명나라를 세운 연도는 명을 건국한 주원장이 붙인

'홍무'라는 연호를 따서 '홍무 1년'이 된다. 우리나라에서는 중국 황제의 연호를 그대로 사용하거나 우리나라 황제가 붙인 연호를 사용했다. 광개토 대왕은 '영락'이라는 연호를 사용했다. 일본에서는 오늘날에도 천황의 연호를 서기와 함께 사용한다.

   우리나라에서는 단군이 나라를 세운 해를 기준으로 하는 '단기'를 사용하기도 한다(기원전 2333년). 불교를 믿는 사람들은 석가모니가 죽은 해를 기준으로 하는 '불기'를 사용한다(기원전 544년). 또한 공자가 태어난 해를 기준으로 하는 '공기'를 사용할 수도 있다(기원전 551년). 이슬람교를 믿는 사람들은 이슬람교를 세운 무함마드가 메카에서 메디나로 간 해를 기원으로 사용한다(622년).

기원전 100년

기원전 57년 신라 건국
기원전 56년 고구려 태조왕, 동옥저 통합
기원전 42년 금관가야 건국
기원전 37년 고구려 건국
기원전 18년 백제 건국

기원후 100년

3년 고구려 유리왕, 국내성으로 수도 옮김
56년 고구려 태조왕, 동옥저 통합
194년 고구려, 진대법 실시

2 세 나라가 서다

200년
- **242년** 고구려, 서안평 공격
- **260년** 백제 고이왕, 16관등과 공복 제정

300년
- **313년** 고구려 미천왕, 낙랑군 몰아냄
- **371년** 백제, 고구려 평양성 공격
- **372년** 고구려, 불교 전래
- **384년** 백제, 불교 전래

부여, 고구려, 백제, 신라와 가야

강철 검을 만들자

가만히 있어도 땀이 줄줄 흐르는 한여름이었다. 철기를 만드는 공방 안은 그야말로 찜통 안에 들어와 있는 것처럼 무더웠다. 사람들은 숯과 철광석을 잘게 부숴 가마처럼 생긴 노에 넣어 차곡차곡 쌓은 뒤 불을 피웠다. 시간이 지나자 불은 노 안에서 활활 타올랐다. 나이 어린 순돌이가 비 오듯 쏟아지는 땀을 닦기 위해 잠시 일손을 놓았다. 그러자 바로 장쇠 어르신의 불호령이 떨어졌다.

"이노옴, 풀무질을 멈추면 어떻게 하느냐?"

화들짝 놀란 순돌이는 다시 풀무의 손잡이를 잡고 팔을 앞뒤로 흔들어 노 안에 바람을 불어 넣었다. 한없이 계속해야 하는 풀무질에 순돌이는 지쳐 버렸다. 팔에는 힘이 하나도 안 들어갔고, 풀무질은 점점 더 느려졌다. 그때 장쇠 어르신이 순돌이를 타일렀다.

"순돌아, 풀무질을 제대로 하지 않으면 좋은 철기를 만들 수가 없단다.

네가 하는 일이 이곳에서 제일 중요한 일이야."

철을 얻으려면 철광석을 녹여 찌꺼기를 걸러 내고, 남은 쇳물이 굳지 않도록 해야 한다. 그러려면 노의 온도를 1300도 이상으로 올려야 하는데, 노에 들어 있는 숯 위로 쉬지 않고 공기를 불어 넣어야 높은 온도가 유지될 수 있었다. 순돌이가 하는 풀무질이 제일 중요하다는 말은 사실이었다. 단번에 기분이 좋아진 순돌이는 어깨를 한 번 으쓱하고는 신나게 풀무질을 계속했다.

정성스럽게 걸러진 쇳물을 거푸집에 부으면 간단하게 괭이, 도끼, 보습을 만들 수 있었다. 이렇게 만든 철기들은 돌로 만든 도구에 비하면 아주 단단했지만, 부딪히면 쉽게 깨지고 부러져서 칼이나 창 같은 무기로는 쓸 수 없었다.

어떻게 하면 부러지지 않는 쇠칼을 만들까? 전투에서 칼이 부러진다면 그것은 곧 죽음이었다. 적을 이기기 위해선 적보다 강한 칼을 갖고 있어야 했다. 그렇기 때문에 강철 검을 만드는 방법은 그야말로 나라의 운명을 가르는 비밀이었다.

부러지지 않는 강한 무기를 만들려면 높은 열에 달군 쇳덩어리를 '모루'라는 돌 받침대 위에 올려놓고 커다란 망치로 힘차게 내리쳐야 했다. 수백 번, 수천 번, 더 많이 두드릴수록 쇠는 더 날카롭고 강해졌다.

강철 검
철제 무기는 전쟁의 승패를 가를 만큼 매우 중요한 것이었다.

거푸집
녹인 쇳물을 쟁기나 도끼 등 여러 가지 모양의 틀에 부으면 간단히 철제 도구를 만들 수 있다.

철로 만든 보습
철로 만든 농기구를 사용하면 땅을 더 깊게 갈 수 있었기 때문에 더 많은 곡식을 생산할 수 있었다.

손풀무

모루

철이 세상을 바꾸다

한반도의 북부와 만주 지역에서는 중국의 영향을 받아서 기원전 4세기 무렵부터 철기를 사용했다. 그러나 강철을 만들 수 있게 된 것은 한참 뒤였다. 고조선이 멸망한 뒤 철기를 만드는 기술은 널리 퍼져 나가 기원전 1세기 무렵에는 한반도 남쪽에 사는 사람들도 철기를 만들 수 있게 되었다.

철 다루는 방법을 알아내기란 쉽지 않았다. 그러나 철광석은 구하기가 쉬운 데다 만드는 과정도 청동보다 훨씬 간단했다. 게다가 여기저기 쓰임새도 많았기 때문에 점차 철로 만든 도구가 석기와 청동기를 대신해 사용되었다. 아직도 많은 사람이 여전히 나무와 돌로 만든 도구로 농사를 지었지만, 부유한 사람들은 철 도끼로 나무를 베고, 철로 만든 보습으로 땅을 갈아 농토를 넓혔다. 철로 만든 농기구를 사용하면 땅을 더 깊게 갈 수 있어서 곡식이 더 잘 자랐고, 수확물도 많아졌다.

생산량이 늘어나자 이것을 차지하려는 다툼도 점점 더 많아졌다. 사람들은 다른 부족 사람들과 싸워 이기기 위해 철로 무기를 만들었다. 몸을 보호하기 위해 철로 만든 투구와 갑옷을 입었고, 강철 검과 날카로운 화살촉을 만들어 이웃 마을로 쳐들어갔다. 철을 잘 다루는 부족은 주변 지역을 정복해 나갔고, 다스리는 지역이 넓어지면서 점차 큰 나라로 발전했다.

쑹화 강이 흐르는 만주 벌판에 부여가 세워지고, 압록강 중류에는 고구려가, 동해안에는 옥저와 동예가 들어섰다. 한반도 남쪽에 생겨난 수십 개의 작은 나라는 서로 손을 잡고 마한, 진한, 변한이라 불리게 되었다.

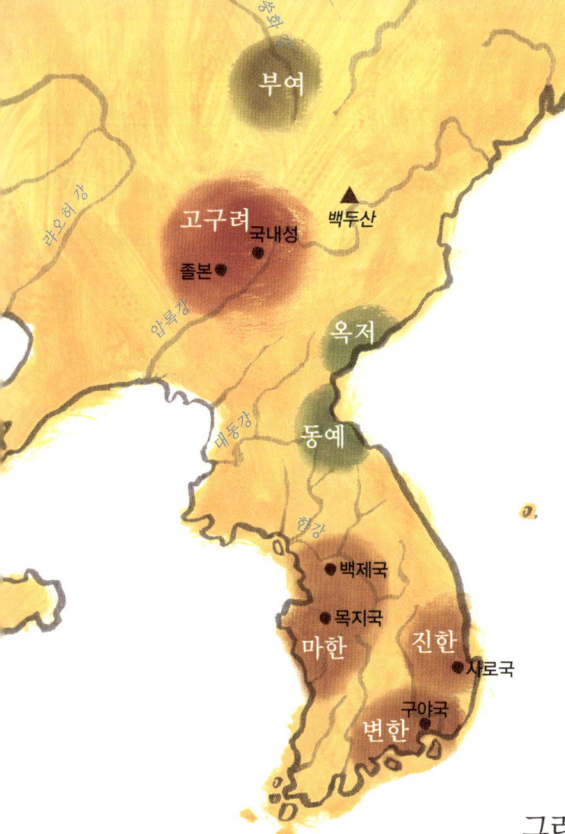

부여에서 갈라져 나온 고구려와 백제

고조선의 북쪽, 만주의 넓은 평야에 부여라는 나라가 세워졌다. 부여의 왕 해부루는 세력이 큰 부족장들과 손을 잡고 부여를 다스렸다. 그런데 해부루는 나이가 들도록 자식이 없어서 누구에게 왕위를 물려줘야 할지 고민이었다. 해부루는 후계자를 정해 달라고 하늘과 산천에 기도를 했다.

그러던 어느 날 해부루가 탄 말이 연못가를 지나가다 커다란 돌 옆에 서더니 움직일 생각을 하지 않았다. 이상하게 여긴 해부루는 말에서 내려 돌을 밀어내 보았다. 그 안에는 황금빛 개구리 모양의 사내아이가 있었다. 해부루는 하늘을 보며 외쳤다.

"하느님, 제 기도를 들어주셔서 감사합니다."

해부루는 이 사내아이에게 금 개구리라는 뜻의 '금와'라는 이름을 지어 주고, 궁궐로 데려와 태자로 삼았다. 금와는 해부루의 뒤를 이어 부여의 왕이 되었다.

고조선이 멸망한 뒤 부여는 한나라와 친선 관계를 맺고 한나라의 발달된 문화를 받아들이며 발전해 나갔다.

어느 날 사냥을 하러 나간 금와왕은 강가에서 유화라는 여인을 만났다.

유화는 자신이 강의 신 하백의 딸인데 부모의 허락도 받지 않고 천제의 아들 해모수와 혼인했다가 집에서 쫓겨났다고 말했다. 금와왕은 유화 부인을 데리고 궁궐로 돌아왔다.

어느 날, 유화 부인이 머무르는 방에 햇빛이 들어와 유화 부인의 배를 계속 비추더니 얼마 지나지 않아 유화 부인은 커다란 알을 낳았다. 놀란 금와왕은 유화 부인이 낳은 알을 버리라고 했다. 그러나 돼지우리에 버려도, 길거리와 벌판에 내다 버려도 온갖 새들과 동물들이 알을 감싸 주었다. 도끼로도 알을 깰 수 없자 금와왕은 알을 다시 유화 부인에게 돌려주었다. 며칠 뒤 커다란 알에서 잘생긴 사내아이가 나왔다. 아이는 어릴 때부터 활을 귀신같이 잘 쏘았고 말도 바람처럼 잘 달렸다. 사냥도 잘했을 뿐만 아니라 누구보다 용맹했다. 사람들은 이 아이를 활을 잘 쏜다고 하여 '주몽'이라 불렀다.

주몽은 금와왕의 다른 아들들보다 훨씬 뛰어났다. 금와왕의 아들들은 주몽이 자기들을 제치고 왕이 될 것을 두려워해 결국 주몽을 몰아낼 계획을 세웠다. 주몽은 어머니 유화 부인과 임신한 아내를 부여에 남겨 둔 채, 자신을 따르는 부하들을 이끌고 가까스로 부여를 탈출해 졸본 지역으로 내려왔다.

오녀산성
주몽은 부여를 떠나 졸본의 오녀산에 수도를 세웠다.
이곳은 높이가 수십 미터에 이르는 절벽으로 둘러싸인
천혜의 요새이다.

졸본 지역에도 이미 나라가 있었다. 그곳 사람들은 고조선이 멸망한 뒤에 들어온 한나라 세력을 몰아내기 위해 애쓰고 있었다. 그 가운데 가장 세력이 큰 나라는 송양국이었다. 송양국의 왕은 주몽을 맞아들여 자기 딸 소서노와 결혼시켰다. 주몽은 송양국을 비롯해 주변의 작은 나라들과 힘을 합쳐 고구려를 세웠다. 고구려가 자리 잡은 지역은 산이 높고 험해서 농사를 짓기 어려웠기 때문에 고구려는 주변 지역을 정복해 나가면서 세력을 키웠다. 또 한나라와 끊임없이 겨루면서 큰 나라로 성장했다.

10년이 넘는 세월이 흘러 고구려가 나라의 기틀을 갖춰 갈 무렵, 주몽의 첫째 아들 유리가 부여를 떠나 고구려로 왔다. 주몽은 유리를 태자로 삼았다. 그러자 소서노가 낳은 두 왕자 비류와 온조는 새 나라를 세우기로 결심하고, 자신들을 따르는 무리와 함께 남쪽으로 내려갔다. 형 비류는 미추홀 바닷가에 나라를 세웠고, 온조는 한강이 흐르는 너른 평야에 나라를 세웠다. 하지만 비류가 정착한 곳은 바닷물이 짜 농사짓기에 적당하지 않았다. 얼마 뒤 비류를 따르던 백성들은 미추홀을 떠나 온조의 나라에 정착했고, 온조의 나라는 더욱 커졌다. 온조는 나라 이름을 '백제'라고 짓고, '부여'를 자신의 성씨로 삼았다. 백제는 고구려와 뿌리가 같았으며, 고구려는 부여에서 갈라져 나왔기 때문이다.

　온조가 나라를 세울 때쯤 한반도의 서남쪽에는 이미 여러 개의 작은 나라가 있었다. 이 나라들은 서로 손을 잡고 '마한'이라는 세력을 만들고 있었다. 백제도 처음에는 마한의 여러 나라 가운데 하나에 불과했지만, 북쪽에서 내려오는 이주민들을 받아들이면서 큰 나라로 성장해 점차 마한의 여러 나라를 정복해 나갔다.

신라와 가야의 등장

한반도의 동남쪽 경주 평야에 '진한'의 한 나라인 사로국이 있었다. 어느 날 나정이라는 우물 옆의 숲에서 하얀 말 한 마리가 무릎을 꿇고 울고 있었다. 하도 이상해서 사로국의 촌장들이 가 보았더니 말은 하늘로 올라가 버리고, 그 자리에 커다란 알이 하나 남아 있었다. 얼마 뒤, 눈부실 정도로

빛이 나는 잘생긴 사내아이가 알을 깨고서 나왔다. 촌장들은 이 아이에게 '박혁거세'라는 이름을 지어 주고 데려다가 잘 키웠다. 박혁거세는 열세 살에 사로국의 우두머리가 되었고 주변 세력을 합해 나라를 세웠는데, 훗날 '신라'가 되었다.

박혁거세가 죽자 그의 아들 남해가 나라를 이끌었다. 남해는 석탈해를 사위로 삼았는데, 석탈해는 알에서 태어났다는 이유로 궤짝에 버려져 바다를 떠돌다가 신라에 온 사람이었다. 남해는 죽으면서 사위인 석탈해에게 자리를 물려주라고 유언을 남겼다. 그러나 석탈해는 남해의 아들 유리에게 왕위를 양보했다. 결국 나이가 많았던 유리가 먼저 왕이 되고, 유리가 죽은 뒤 석탈해가 왕이 되었다.

석탈해가 왕이었을 때 계림 숲에 버려진 황금 궤짝에서 사내아이가 나왔다. 왕은 아이의 성을 김, 이름을 '알지'라 하고, 하늘이 내린 아들이라고 여겨 귀하게 길렀다. 나중에 알지의 자손인 미추가 왕이 되었다.

경주 오릉
신라의 시조 박혁거세와 알영 부인, 2대 남해왕, 3대 유리왕, 5대 파사왕의 무덤이라 전해진다. 경상북도 경주에 있다.

신라는 그 뒤로 오랫동안 박씨, 석씨, 김씨 가문 사람들이 돌아가면서 왕이 되었다.

한편, 낙동강 서쪽에 자리 잡은 '변한'의 여러 나라 가운데 구야국이 있었다. 구야국에는 아홉 명의 촌장이 있었고, 해마다 3월에 구지봉이라는 산봉우리에 모여 제사를 지냈다. 구지봉에서 제사를 지내던 어느 날, 하늘에서 소리가 들렸다.

"여기 사람이 있느냐? 도대체 여기가 어디냐?"

아홉 촌장이 대답했다.

"예, 구지라는 곳입니다."

"나는 하늘의 뜻을 받아 너희를 다스릴 임금이니라. 산봉우리에 올라 노래를 부르며 춤을 추어라. 그러면 내가 나타나겠노라."

아홉 촌장과 마을 사람들은 거북이 머리처럼 생긴 구지봉에 올라 나무 작대기로 땅을 두드리며 춤을 추고 노래를 불렀다.

> 거북아, 거북아, 머리를 내밀어라.
> 내밀지 않으면 구워서 먹으리.

한참 노래를 부르고 있는데 하늘에서 자주색 끈이 내려왔다. 끈에는 황금 상자가 매달려 있었고, 그 안에는 해처럼 둥근 황금색 알이 6개 있었다. 며칠 뒤 알에서 여섯 명의 사내아이가 나왔다. 마을 사람들은 하늘이 임금님을 보내 주셨다며 기뻐했다. 그 가운데 가장 먼저 알에서 나온 아이를 '수로'라고 불렀는데, 나중에 구야국의 왕이 되었다. 다른 아이들도 변한의 작은 나라들의 왕이 되었다.

구야국은 변한의 다른 나라들을 이끌며 성장했다. 구야국은 수로왕 이후에 '가락국'이라 불렸고, 구야국과 구야국을 중심으로 모인 작은 나라들을 모두 '가야'라고 부르게 되었다. 가야의 여러 나라는 함께 손을 잡고 신라와 백제에 맞서 힘을 기르기 시작했다.

하늘에 제사 지내다

새로운 나라를 세운 왕들은 저마다 자기를 특별한 사람이라고 내세웠다. 직접 하늘에서 내려왔거나, 하늘의 신과 강의 신의 피를 이어받아 태어났다고 주장했다. 태어나는 순간도 남달랐다. 고구려를 세운 주몽, 신라의 박혁거세와 석탈해, 가야의 수로왕은 모두 알에서 태어났다고 했다.

백성들은 이 말을 믿었다. 태양이 사라질까 두렵고, 비가 내리지 않거나 너무 많이 내릴까 두려웠던 백성들에게 왕은 신과 같은 존재였다. 여러 나라의 왕들은 하늘에 제사를 올리는 의식을 크게 치렀다. 하늘 신은 곧 왕의 조상신이었던 것이다.

고구려에서는 해마다 추수가 끝난 10월이면 '동맹'이라는 제천 행사를 열었다. 고구려의 귀족들은 물론 작은 마을의 부족장들도 모두 비단 옷을 입고 한껏 치장을 한 뒤 왕에게 바치는 선물을 싸 들고 제사를 보러 왔다.

동맹은 '국동대혈'이라는 커다란 동굴에서 시작했다. 높다란 깃발이 여기저기에 세워졌고, 북을 치는 사람들과 노래를 부르는 사람들이 흥을 돋우었다.

고운 옷을 차려입은 신녀들이 나무로 만든 인형을 들고 동굴에 들어갔다. 동굴 안 신성한 바위 위에 인형을 올려놓고 신녀들이 절을 했다. 북소리와 방울 소리는 점점 더 높아졌고 울긋불긋한 천이 바람에 휘날리며 하늘을 뒤덮었다.

드디어 신녀들이 조상신이 깃든 나무 인형을 높이 들고 동굴에서 나와 물가에서 다시 한 번 제사를 올렸다. 고구려의 왕이 하늘의 신 해모수의 아들이며 강의 신 하백의 손자임을 알리는 의식이었다.

큰 강 근처의 너른 들판에서는 주몽왕이 신비롭게 태어나 용맹하게 자라서 부여를 탈출하고 나라를 세운 이야기가 연극으로 펼쳐졌다. 모진 시련을 이겨 내고 끝내 나라를 세우는 데 성공한 조상의 이야기를 보면서 고구려 사람들은 가슴이 벅차오르는 뜨거운 감정을 느꼈다. 사람들은 연극을 구경하며 노래를 부르고, 음식을 나눠 먹고, 함께 춤을 추었다.

고구려의 귀족과 부족 대표들은 동맹 기간에 모여 나라의 중요한 일을 결정하기도 했다. 동맹은 고구려 사람들을 하나로 만드는 축제이면서 왕과 귀족들 사이의 질서를 세우는 행사였다.

다른 나라에서도 하늘에 제사를 지내는 제천 행사를 크게 열었다. 부여는 12월에 '영고'라 불리는 축제를 열었는데, 귀족들이 모여 나랏일도 보고 재판도 하여 죄수를 풀어 주거나 사형을 집행했다. 농사가 발달했던 남쪽 지방에서는 씨를 뿌리고 난 5월과 가을걷이를 하고 난 10월에 하늘에 제사를 올렸다. 제천 행사는 종교 행사이자 정치적 행위였고, 가장 큰 축제이기도 했다.

철을 수출하는 나라, 가야

낙동강에서 조금 떨어진 다호리 얕은 언덕에 철기를 만드는 공방이 있었다. 김해에서 온 대사는 주변을 둘러보면서 감탄했다.

"언제 보아도 참 좋은 땅이야."

"그렇지요. 여기서 나는 철광석은 다른 지역에서 나는 것보다 철이 훨씬 많이 들어 있답니다. 게다가 철기를 만들려면 철광석보다 세 배나 많은 숯이 필요한데, 이곳은 나무도 잘 자라서 질이 좋은 숯을 만들 수 있지요. 이만한 철기방은 찾기 어렵습니다."

입에 침이 마르도록 자랑을 하는 철기방 책임자의 설명을 들으면서 대사는 연신 고개를 끄덕였다. 이 주변에는 다호리처럼 철기를 만드는 공방이 여러 곳 있었고, 이곳에서 만들어진 철은 김해에 자리 잡은 금관가야로 모였다.

대사는 철기방 안을 들여다보았다. 후끈 달아오른 열기가 밖에까지 뿜어져 나왔다. 건장한 청년들이 힘차게 철을 두드리고 있었다. 한쪽에서는 도끼, 낫, 따비 같은 농기구를 만들고, 다른 한쪽에서는 무기를 만들고 있었다. 납작한 쇠판을 이어 붙여 갑옷을 만들기도 했다.

"이보게, 그런데 저건 무엇인가?"

"지난번에 오셨을 때, 철을 내다 팔기 좋게 만들어 보라고 하셨잖습니까? 철을 가져가서 도끼를 만들려는 사람도 있고, 화살을 만들려는 사람도 있고, 다들 원하는 물건이 달라서 팔기가 어렵다고요. 그래서 납작한 판 모양으로 철을 다듬어 덩이쇠를 만들어 보았습니다. 이것을 가져다가 불에 넣어 약간 녹인 다음에 몇 번 두드리기만 하면 원하는 모양의 철기를 쉽게 만들 수 있습니다. 반으로 자르면 도끼가 되고요, 작게 잘라 끝 부분을 두드리면 화살촉이 된답니다. 또 끝을 구부리면 꺾쇠가 되지요."

"음, 수고했네. 좋은 생각이야."

대사는 덩이쇠를 10개씩 끈으로 묶어서 김해로 가져가 철을 원하는 사람들에게 팔았다. 때로는 물건을 사고팔 때 돈처럼 사용하기도 했다.

한나라의 힘이 약해지자 한나라를 통해 철을 구하기가 어려워졌다. 그러자 주변 여러 나라는 질 좋은 철을 구하기 위해 금관가야로 몰려들었다.

덩이쇠   판갑옷

가야의 철제 유물
가야에서는 질 좋은 철로 갑옷과 투구, 무기 등을 만들었고, 덩이쇠를 제작해 화폐처럼 사용하기도 했다.

여러 가지 모양의 가야 토기
가야 토기는 조형미가 뛰어난 데다 높은 온도에서 구워 내 단단하다. 가야의 토기 제작 기술은 일본에도 전해졌다.

기마 인물형 토기 　　사슴 장식 항아리 　　수레바퀴 모양 토기

낙동강 하구에 자리 잡은 김해에는 마한과 진한 사람들은 물론이고 낙랑군에 사는 중국인, 바다 건너 섬에 사는 왜인들까지 모여들었다. 금관가야는 철을 바탕으로 한 무역의 중심지이자 교류의 중심지로 성장했다.

　금관가야는 바다로 뻗어 나가는 데 좋은 위치에 있었을 뿐만 아니라 질 좋은 철을 만들 수 있는 자연환경과 기술을 갖추고 있었다. 그래서 가야의 여러 나라는 금관가야가 가지고 있는 좋은 조건을 서로 차지하기 위해 다투기도 했다. 또 백제와 신라의 시달림도 많이 받았다.

왕권을 강화하라

왕의 목숨은 하늘에 달렸다

"가뭄이 계속된 탓에 온 들판의 곡식들이 말라 죽어 가고 있습니다. 비가 내리지 않은 지 벌써 한 달이 다 되어 갑니다."

"맞소이다. 강물도 말라서 바닥을 보이고 있소. 일주일 안에 비가 오지 않는다면 아마 전국이 굶어 죽는 사람들의 시체로 가득할 것이오."

부여 땅에 가뭄이 계속되자 마가·우가·구가·저가가 모두 모였다. 그들은 각자 자기 땅을 다스리는 지배자들이었다.

"하늘에 비가 오기를 기도하는 제사를 올려 보면 어떻겠소?"

왕이 말을 채 끝내기도 전에 회의장은 어수선해졌다.

"지난번에도 기우제를 올리지 않았습니까. 이는 왕이 덕이 없어서 하늘이 노한 것입니다."

왕의 손이 떨렸다. 몇 년 전에도 장마가 계속되어 왕이 책임을 지고 처형을 당한 적이 있었다. 부여에서는 왕을 바꾸기도 하고 죽이기도 했다.

왕은 단지 나라를 대표하는 사람일 뿐이었다. 마가·우가·구가·저가는 자기 땅의 농민들에게서 세금을 걷었고, 관리도 임명했으며, 군대도 거느렸다. 부여는 각자의 땅을 다스리는 지배자들끼리 느슨하게 손을 잡고 있는 나라였다. 그래서 각 세력의 대표가 돌아가면서 왕을 맡거나 이들 가운데에서 왕을 뽑기도 했다.

고구려·신라·가야도 처음에는 모두 이렇게 출발했다.

왕의 힘을 키우다

고구려는 계루부·절노부·소노부·관노부·순노부의 다섯 부족이 손을 잡고 나라를 다스렸다. 왕은 다섯 부족이 돌아가면서 맡았는데, 왕이 되면 세금도 더 많이 걷을 수 있었을 뿐만 아니라 전쟁을 하게 되면 각 부족에게 군사를 보내라고 요구할 수도 있었다. 부족의 우두머리들은 시간이 지나면서 다른 부족에게 왕 자리를 넘기지 않고 오래도록 더 많은 권력을 누리고 싶었다.

처음에는 소노부의 세력이 컸으나, 점차 계루부의 세력이 커지면서 태조왕 때부터 계루부 고씨 집안의 남자들이 왕위를 독차지했다. 그리고 왕비는 절노부에서 뽑았다. 다른 부족이 다스리던 지역을 왕이 다스리게 되었고, 다른 부족의 대표들은 왕에게서 관직을 받고 귀족으로 대접받았.

태조왕은 군대를 보내어 동예와 옥저를 정복했다. 고구려는 동예와 옥저를 직접 다스리지는 않았지만 해마다 많은 양의 소금과 곡식을 빼앗아 갔다. 고구려 귀족들은 태조왕 덕분에 좀 더 넉넉한 삶을 누리게 되었고,

태조왕의 힘은 더욱더 강해졌다.

100년쯤 지나 고구려의 왕이 된 고국천왕은 나랏일을 누구에게 맡길지 무척 고민했다. 고국천왕은 귀족 집안 출신의 지위가 높은 사람보다 능력 있는 사람을 뽑아서 쓰고 싶었고, 그렇게 뽑힌 사람은 귀족보다 왕의 말을 훨씬 잘 들을 것이라고 생각했다.

고국천왕이 안류에게 일을 맡기려고 하자 안류가 말했다.

"제가 아는 사람 중에 을파소라는 이가 있는데, 아주 훌륭한 인물입니다. 그에게 한번 맡겨 보시지요."

고국천왕이 을파소를 불러 나라를 위해 일을 해 보는 게 어떠냐고 묻자 을파소가 대답했다.

"임금님께서 하찮은 저에게 이런 명령을 내리시니 몸 둘 바를 모르겠습니다. 저도 임금님과 고구려를 위해서 제가 가진 능력을 펼쳐 보이고 싶습니다. 제게 국상의 자리를 주십시오."

국상은 고구려에서 가장 높은 관직으로 지금까지는 힘이 센 귀족 집안에서만 맡아 오던 자리였다. 왕은 을파소의 배짱이 마음에 들었다.

"나랏일을 결정하고 실행할 수 있는 힘 있는 자리를 달라는 것이군. 허허, 배포가 참 크구나."

고국천왕이 을파소를 국상의 자리에 앉히자 귀족들의 반발이 거셌다.

"아니되옵니다. 을파소가 누구입니까? 집안도 변변치 못한 데다 지금까지 나라를 위해 한 일이 아무것도 없어, 능력이 있는지 없는지 알 수도 없는데, 그런 사람이 어찌 고구려의 국상이 되겠습니까?"

고국천왕은 몹시 화가 나서 모든 귀족에게 똑똑히 알렸다.

"지금 감히 나의 눈을 의심하는 것인가? 앞으로 국상의 명령에 따르지 않는 자는 귀하든 천하든 가리지 않고 전 가족을 모두 죽일 것이다."

을파소는 고국천왕의 강력한 지지를 받으며 국상에 올라 일을 시작했다. 을파소는 고구려의 가난한 백성들이 먹을 것이 없어 굶어 죽거나 다른 집의 노비가 된다는 사실을 알고 있었다.

'그들을 구하려면 어떻게 해야 할까.'

오랫동안 고민한 끝에 을파소가 말했다.

"이제부터 진대법을 시행하겠습니다. 진대법이란 곡식이 떨어지는 봄이나 흉년에 나라의 곳간을 열어 백성들에게 곡식을 나눠 주고, 가을걷이가 끝나면 되돌려 받는 제도입니다."

이번에도 귀족들의 반발이 만만치 않았다.

"나라의 곡식은 전쟁과 같이 위급한 상황이 닥쳤을 때에 사용하기 위해 모아 두는 것입니다. 그것을 백성들에게 나눠 준다니 말도 안 됩니다."

"능력이 없어서 남의 집 노비가 되는 것을 왜 국가가 막습니까?"

귀족들이 거세게 항의했으나 을파소는 눈썹 하나 까딱하지 않고 말했다.

"나라에 백성이 없다면 임금이 어떻게 존재할 수 있겠습니까? 백성들이 편안하게 농사지으며 살 수 있어야 나라에 세금도 내고, 반란도 줄어들 것이옵니다."

귀족의 반대를 물리치고 진대법이 시행되었다. 굶주림에서 벗어날 수 있게 된 백성들은 왕의 은혜를 몸으로 느끼게 되었다. 이제 백성들은 귀족들의 지배를 받는 것이 아니라 왕의 지배를 받는 왕의 백성이 된 것이다.

영토를 넓혀라

고구려에서는 계루부 고씨 집안에서 가장 나이 많은 남자가 왕이 되었다. 왕이 죽으면 자연스럽게 동생이 뒤를 이었다. 그러나 왕의 힘이 강해지자 왕은 자기 아들에게 왕의 자리를 물려주려고 했다. 나이 어린 사람을 후계자로 인정한다는 것은 쉬운 일이 아니었다. 아직 어려서 왕이 될 만한 능력이 있는지 알 수 없었기 때문이다. 그런데도 왕의 혈통이라는 이유만으로 왕위를 이어받을 수 있다는 것은 왕의 힘이 강해지지 않고서는 할 수 없었던 생각이었다.

한편, 왕은 더 넓은 영토를 차지하기 위해 정복 전쟁에 나섰다. 왕은 직접 전투를 지휘하면서 용맹함과 통솔력을 뽐냈다. 귀족들이 갖고 있던 군대는 점점 왕의 명령을 듣는 왕의 군대가 되어 갔다. 군대와 땅을 빼앗긴 귀족들의 불만을 잠재우기 위해 왕은 정복한 땅과 포로들을 귀족들에게 나눠 주었다. 땅을 나눠 줄 때에는 전쟁에서 공을 세운 순서에 따라 차이를 두어 왕에게 충성하도록 만들었다. 정복 전쟁으로 왕의 권한은 더욱 강해졌다.

고구려의 미천왕은 북쪽 지방을 공격해 8000여 명의 포로를 사로잡았다. 이 싸움으로 자신감을 얻은 고구려군은 남쪽으로 내려와 낙랑군을 공격하고 2000여 명을 포로로 잡았다. 또 그 다음 해에는 대방군을 공격해 무너뜨렸다. 이로써 고조선이 멸망한 뒤 한나라가 세워 놓은 한사군이 모두 사라졌다.

낙랑군이 멸망하면서 고구려와 백제가 정면으로 만나게 되었다. 두 나라는 더 넓은 영토를 차지하기 위해 전쟁을 벌였다. 백제와 신라도 서로 영토를 넓히기 위해 싸웠다. 삼국은 크고 작은 전쟁에서 승리하기 위해 나라의 힘을 전쟁을 지휘하는 왕에게로 집중시켜 나갔다. 세 나라 사이에 시작된 전쟁은 이제 더 이상 멈출 수 없었고, 시간이 지날수록 점점 더 치열해졌다.

넓은 영토를 다스리려면

영토가 넓어지자 나라를 다스리는 것이 전보다 훨씬 어려워졌다. 이웃 나라 중국은 한반도의 몇 십 배나 되는 넓은 영토를 가지고 있었고, 이 땅을 다스리기 위해 통치 제도를 발달시켜 왔다. 관리의 등급을 정하고 체계를 세우는 방법, 죄지은 사람에게 형벌을 내리는 기준, 여러 지방의 백성을 다스리는 방법, 나라 안 곳곳에서 세금을 걷는 방법, 왕의 명령을 지방에 전달하는 방법을 이미 정해 체계를 만들고 실행하고 있었다.

왕권을 강화하는 과정에서 고구려·백제·신라는 모두 중국의 발달된 법 체계를 받아들였다. 법을 세워 나라의 질서를 바로잡고, 귀족들의 재산을 지켜 권세를 누릴 수 있도록 하고, 귀족들이 멋대로 내리는 판결로부터 백성들을 보호하려고 애썼다. 특히 전쟁에서 도망치거나 반역을 일으키는 자는 사형으로 엄하게 다스려 왕의 권위를 세웠다.

영토가 넓어지면서 또 다른 문제가 나타났다. 마을마다 고을마다 서로 다른 신을 믿고, 부족마다 모시는 조상신이 달랐으며, 서로 다른 방식으로 제사를 지내고 있었다. 백성들의 마음을 하나로 모으려면, 마을을 뛰어넘어 모든 사람이 똑같이 믿을 수 있는 새로운 종교가 필요했다.

이 무렵 중국을 통해 불교가 전래되었다. 불교는 인간을 이해하는 방법, 세상을 해석하는 방법, 현실 정치를 바라보는 방법 등 모든 면에서 이전 종교와 달랐다. 불교가 들어오기 전에 사람들은 하늘과 땅, 해와 달, 강과 산 등 모든 자연물을 신으로 여겨 믿었다. 사람들이 병들거나 나쁜 일이 생기면 신이 화가 났기 때문이라고 생각해서 무당을 찾아갔고, 나라에 중요한 문제가 생겼을 때에도 무당을 통해서 신의 뜻을 물었다.

　불교에서는 어떤 마음으로 어떻게 노력하느냐에 따라 사람의 운명이 결정되며, 누구든지 열심히 수행하면 부처가 될 수 있다고 했다. 모든 사람이 평등하며, 누구에게든지 자비를 베풀라고 이야기하면서 사람들의 마음을 사로잡았다. 그러나 한편으로는 전생에 어떤 삶을 살았느냐에 따라 지금의 삶이 결정된다고 설명함으로써 왕과 귀족들의 권력을 당연한 것으로 여겼다. 지금 내가 왕이나 귀족인 이유는 전생에 착한 일을 많이 했기 때문이며, 노비인 이유는 전생에 나쁜 일을 많이 했기 때문이므로 차별은 당연하다는 것이었다. 한 걸음 더 나아가서 현실 세상에서 부처와 같은 존재는 바로 왕이라고 말했다.

　왕은 불교가 매우 좋았다. 불교를 통해 왕의 권위를 높이고, 백성들의 마음을 하나로 모을 수 있었기 때문이다. 왕은 불교를 받아들여 큰 절을 여기저기 세웠다. 절에는 높은 탑을 세웠고, 불상을 만들어 나라와 왕실을 영원히 지켜 달라고 빌었다.

삼국시대 사람들의 삶

귀족과 노비

대궐 같은 집이 술렁이기 시작했다. 주인 나리가 돌아오신 것이다. 모두 나가서 인사를 했다. 주인 나리가 수레에서 내리자 마부는 수레를 대문 옆 차고에 세우고 소는 외양간에 넣었다. 오늘은 손님이 오시는 날이라 모두 음식 준비에 바빴다. 부엌에서 음식을 준비하던 달이 어멈이 아광이에게 이것저것 심부름을 시켰다. 아광이는 부엌 옆 푸줏간에 가서 걸어 놓은 고기 한 덩어리를 얻어 왔다. 그러고 우물에 가서 물을 길어 왔다.

주인 나리는 손님과 마주 앉아 계셨다. 달이 어멈과 아광이는 밥상을 따로 차려 들고 갔다. 아광이는 다리가 떨렸다.

'혹시라도 문지방에 걸려 넘어져 밥상을 엎으면 어떡하지…….'

무용총 벽화의 손님맞이 그림
고구려에서는 귀족이 죽으면 화려한 무덤을 만들고 벽면에 현실 세계의 생생한 생활 모습을 그려 넣었다.

　속으로 걱정하던 아광이는 손님과 순간 눈이 마주쳤다. 잘생긴 젊은이였다. 하마터면 밥상을 엎을 뻔했다. 아광이는 자기도 모르게 얼굴이 빨개져 고개를 숙인 채 허둥지둥 뒷걸음질을 쳐서 방을 나왔다.
　잠시 뒤, 주인 나리가 손님과 함께 나들이에 나섰다. 햇볕이 내리쬐는 한낮이라 양산을 가져오라고 하셨다. 아광이는 양산을 들고 쪼르르 달려가 익숙한 솜씨로 햇볕을 가렸다. 주인 나리의 뒤에서 양산을 받쳐 든 아광이는 고개도 돌리지 못했다. 팔이 떨려 양산이 흔들렸다. 양산이 무거워서였을까? 아니면 콩닥콩닥 뛰는 가슴 때문이었을까?

길을 가다 임금님의 행렬을 만났다. 색색의 깃발을 앞세우고 춤추는 사람들, 노래 부르는 사람들, 뿔 나팔 부는 사람들이 지나갔다. 이어서 긴 장대를 타고 걷는 사람, 수레바퀴를 던지는 사람, 여러 개의 작은 공을 한꺼번에 던지고 받는 사람들이 묘기를 부리면서 지나갔다. 이들의 놀라운 재주에 아광이는 입이 쩍 벌어졌다. 주인 나리가 허리를 깊이 숙여 임금님께 공손히 인사를 올렸다. 아광이는 땅에 납작 엎드려 감히 고개를 들지 못했다.

　삼국 시대에는 왕 아래에 귀족이 있었고, 그 아래에 농민과 상인, 또 그 아래 천민이 있었다. 귀족들은 왕에 버금가는 사람들로 나랏일을 하면서 부유하게 살았다. 그런데 신라에서는 귀족들 사이에도 위아래를 나누었다. 왕족인 성골과 진골이 있었고, 귀족인 4두품·5두품·6두품이 있었다.

같은 귀족이라도 등급에 따라 올라갈 수 있는 관직이 정해졌고, 집의 크기나 옷의 색깔, 결혼할 상대도 정해졌다. 6두품 출신들은 진골과 같이 자라고 함께 배운 귀족이지만, 6두품이라는 이유로 관청의 우두머리가 될 수 없었다.

　왕의 권한이 강해지면서 귀족들은 예전처럼 자기 부족을 독자적으로 다스릴 수 없게 되었다. 그러나 귀족들은 여전히 넓은 땅과 군사를 가지고 있었고, 왕은 귀족들의 도움이 없이는 나라를 통치할 수도, 전쟁에서 승리할 수도 없었다. 귀족들은 높은 관리가 되어 나라를 다스리는 일을 맡았고, 귀족 회의에 참석해 중요한 나랏일을 결정하기도 했는데, 고구려에는 제가 회의, 백제에는 정사암 회의, 신라에는 화백 회의가 있었다.

　귀족들은 전쟁이 일어나면 병사를 이끌고 전투에 나섰고, 싸워서 이기면

무용총 벽화의 나들이 그림
섬세하고 우아한 고구려 화풍을 보여 주는 대표적인 그림이다. 시종을 작게 그린 걸로 보아 고구려의 신분 제도가 엄격했음을 알 수 있다.

넓은 땅을 상으로 받았다. 귀족들은 호화로운 생활을 했을 뿐만 아니라 음악, 스포츠, 무용, 서커스 구경을 하며 여유로운 생활을 즐겼다. 죽으면 커다란 무덤을 만들어서 살아 있을 때의 모습을 벽화로 그려 넣고, 죽은 다음에도 잘 먹고 잘 살기를 바라는 소망을 담았다.

그러나 이런 삶을 누리는 귀족들은 아주 적었고, 대부분의 사람은 농민이나 천민으로 태어나 권리는 없고 의무만 잔뜩 진 채 고된 삶을 살아야 했다. 농민들은 아무리 열심히 일하고 농사를 지어도 배고픔을 면하지 못했다. 어쩌다가 흉년이라도 들면 빚이 늘어나서 부잣집에 노비로 팔려가기도 했다. 전쟁에 져서 잡혀 온 포로들도 노비가 되었다. 노비의 자식은 저절로 노비가 되었다. 노비는 소나 말처럼 일하고, 소나 말보다도 못한 대접을 받았다.

신라의 골품제

신라에서는 귀족들 사이에서도 골품에 따라 관직 승진에 차별이 있었다.
진골은 1등급 이벌찬까지 오를 수 있었고, 6두품은 아찬까지만 오를 수 있었다.

고구려 평민의 희망, 온달

고구려·백제·신라에서는 태어날 때부터 정해져 있는 신분을 뛰어넘기가 쉽지 않았다. 그러나 전쟁이 계속되면서 능력을 발휘해 신분을 높일 수 있는 기회가 생기기도 했다. 고구려의 장군이 된 온달이 바로 그런 사람이었다.

고구려에서는 해마다 3월 초에 사냥 대회가 열렸다. 활 솜씨가 뛰어나고 용맹한 남자들이 전국에서 모여들어 솜씨를 겨뤘다. 내로라하는 귀족의 자제들도 참가했다. 사냥 대회에서 솜씨를 발휘하면 장군으로 뽑히기도 했다. 올해에도 어김없이 사냥 대회가 열렸다. 평원왕은 대회에 참가한 젊은이들을 살펴보았다. 그때 남달리 솜씨 좋은 젊은이 하나가 눈에 띄었다. 대회가 끝나자 평원왕은 젊은이를 불러 술을 한잔 따라 주며 물었다.

"내 너를 눈여겨보았노라. 무예가 아주 뛰어나더구나. 네 이름이 무엇인고?"

"예, 온달이라 하옵니다."

평원왕은 놀라 뒤로 넘어갈 뻔했다. 온달은 몇 년 전 평강 공주가 남편으로 삼은 이가 아니던가. 온달은 미천한 신분으로 세상에 바보라고 알려져서 동네 아이들의 놀림감이 되곤 했다. 공주가 좋은 자리의 혼처를 마다하고 온달과 결혼하겠다고 우기는 바람에 평원왕은 화가 나서 공주를 궁궐에서 내쫓았었다.

평원왕은 흐뭇한 미소를 지었다.

'분명 내 딸 평강이 온달을 이렇게 훌륭하게 만들었을 게야.'

평원왕은 든든한 오른팔을 하나 얻은 기분이었다.

평원왕은 온달을 데리고 중국과의 전쟁터에 나갔다. 온달의 활약으로 고구려가 승리했다. 온달은 이제 장군이 되었다. 귀족들은 천한 신분의 온달이 못마땅했지만, 평민에서 장군이 된 왕의 사위, 온달은 모든 고구려 평민들의 희망이 되었다.

평민들의 힘겨운 삶

평민들은 대부분 농사를 지으며 살아갔다. 평민들은 농사가 잘되면 그럭저럭 먹고살 수 있었지만, 가뭄이 들거나 전염병이 돌면 굶어 죽기 십상이었다. 고구려에서는 진대법을 실시해 곡식을 빌려주기도 했지만 그나마 제대로 시행된 적은 많지 않았다. 농민들은 세금으로 곡식을 바쳐야 했을 뿐만 아니라 군인이 되어 전쟁에 나가야 했다. 적과 싸우기도 했지만 주로 성을 쌓거나 다리를 놓는 데 불려 나갔다. 특히 성을 쌓는 일은 정말 힘들었다. 커다란 돌을 짊어지고 가파른 산을 오르다 돌에 깔리거나 굴러 떨어져서 다치는 일이 허다했다. 3년 동안 나라를 위해 일하는 것이

원칙이었지만, 걸핏하면 일어나는 크고 작은 전쟁 때문에 몇 년씩 더 일하는 경우도 많았다.

고구려·백제·신라의 싸움이 치열해지던 6세기 말, 신라의 어느 마을에 가실이라는 청년이 살았다. 가실은 밤골에 사는 설씨 성을 가진 아가씨를 좋아했다. 그 아가씨는 늙은 아버지와 함께 살고 있었는데, 부지런하고 마음씨도 고와 많은 청년이 좋아했다. 가실은 그런 아가씨를 바라볼 뿐, 말도 못 붙이고 있었다.

그러던 어느 날, 가실은 아가씨가 몹시 슬픈 얼굴을 하고 있는 것을 보았다. 마을 사람들에게 물었더니 아가씨의 아버지에게 군대 소집 명령이 떨어졌다는 것이었다. 늙고 병든 아버지를 보낼 수도 없고, 그렇다고 아가씨가 대신 갈 수도 없어 걱정하고 있었던 것이다. 가실은 용기를 내어 아가씨를 찾아갔다.

"아가씨, 제가 아버님 대신 군대에 가겠습니다. 대신 제가 돌아온 뒤에 저와 결혼해 주십시오."

아가씨는 가실이 매우 고맙고 믿음직스러웠다. 남을 대신해서 군대에 간다는 것이 얼마나 어려운 결정인지 아가씨는 잘 알고 있었다. 아가씨는 거울을 깨뜨려 반쪽을 갖고 다른 반쪽을 가실에게 주며 꼭 기다리겠노라 약속했다. 가실은 자신의 말 한 필을 아가씨의 집에 두고 떠났다.

가실이 떠난 지 3년이 흘렀고, 또 3년이 지났다. 그러나 가실은 돌아오지 않았다. 아가씨의 아버지는 가실이 죽었다고 생각하고 다른 남자에게 시집을 보내려고 했지만 아가씨는 반대했다. 아버지의 성화에 몰래 도망가려다 붙잡혀 꼼짝없이 결혼을 하게 된 아가씨는 외양간에서 가실이 남겨 두고 간 말을 쓰다듬으며 한숨을 쉬었다. 아가씨의 볼에 눈물이 흘러내렸다.

그때 외양간 문이 열렸다. 비쩍 마른 사람이 다 해진 옷을 입고 달빛을 받으며 서 있었다.

"누, 누구요?"

아가씨는 뒷걸음질을 쳤다. 그 남자는 가슴에서 무언가를 꺼내더니 바닥에 내려놓았다. 깨진 거울 반쪽이었다. 아가씨는 그 자리에 주저앉아 거울을 끌어안고 울음을 터뜨렸다. 가실은 그녀의 손을 꼭 잡았다.

가실은 돌아왔지만 전쟁터에서 돌아오지 못하는 사람도 많았다. 또 다쳐서 몸이 망가진 경우도 많았다. 전쟁을 통해 지배층은 땅을 얻고 재산을 늘려 나갔지만, 평민들의 삶은 계속되는 전쟁으로 파괴되고 있었다.

떠돌이 소금 장수, 을불

농사지을 땅이 없는 사람들은 남의 집 노비가 되어 일하기도 했다. 봉상왕이 고구려를 제멋대로 다스리고 있을 때, 조카인 을불은 봉상왕의 눈을 피해 도망 다니는 신세였다. 갈 곳이 없고 돈도 없던 을불은 떠돌아다니다가 어느 마을의 부잣집에서 머슴살이를 하게 되었다. 주인은 을불에게 잠시도 쉴 틈을 주지 않고 하루 종일 일을 시켰다.

어느 여름 밤, 모두 곤히 잠이 들었는데 집 옆의 연못에서 개구리가 요란하게 울어 대고 있었다. 주인은 개구리 소리가 듣기 싫다고 을불에게 밤새도록 연못에 돌을 던지라고 시켰다. 을불은 졸린 눈을 비벼 가며 돌을 던지다가 갑자기 자신의 신세가 처량해 눈물을 삼켰다. 주인이 시키는 고된 노동을 견디지 못한 을불은 그 집을 나와서 소금 장수가 되었다.

이 마을 저 마을 소금을 팔러 다니던 어느 날, 을불은 잠자리를 찾아 한 노파의 집에 들어갔다. 노파는 방 값으로 소금 한 말을 달라고 했다. 다음 날 을불이 소금 한 말을 주고 떠나려고 하자 노파는 소금 한 말을 더 내놓으라고 했다. 을불이 싫다고 하자 노파는 자기 신발을 몰래 을불의 보통이 속에 감춰 놓았다. 그리고 관리를 데려와 을불이 자기 신발을 훔쳤다고 거짓말을 했다. 을불은 꼼짝없이 도둑의 누명을 쓰고 관가에 끌려가 실컷 두들겨 맞았다. 을불은 소금 파는 일을 그만두고 또 떠돌이 신세가 되었다.

궁궐에선 봉상왕의 폭정에 견디다 못 한 신하들이 봉상왕을 내쫓고 을불에게 왕이 되어 달라고 했다. 머슴 을불, 소금 장수 을불은 고구려의 미천왕이 되었다. 그러나 그것은 아주 특별한 경우였다. 떠돌이 신세이거나 날품팔이를 해야 하는 사람들은 대부분 남의 집 노비가 되어 하루하루 고단한 삶을 살 수밖에 없었다.

솜씨 좋은 삼국의 장인들

향로를 만들던 장손이가 한숨을 쉬며 의자에 걸터앉았다. 이번이 벌써 몇 번째인가. 나라에서 최고의 향로를 만들라고 한 지가 벌써 한 달이 지났는데, 아직 거푸집도 완성하지 못했다.

이 향로 하나를 만들기 위해 알고 있는 모든 기법을 동원했다. 살아 있는 듯 꿈틀거리는 용의 모습을 발톱 하나, 비늘 하나까지 섬세하게 표현하고 싶었다. 산봉우리마다 앉아 있는 신선과 악사들의 표정을 살리고 싶었다. 꼭대기에 앉은 봉황이 금세라도 날아오를 듯 날렵하게 만들어 내고 싶었다.

다시 한 번 거푸집 만들기에 도전했다. 먼저 진흙으로 향로의 모양을 만들고, 무늬를 새겼다. 그 위에 밀랍을 얇고 고르게 발랐다. 밀랍이 마른 뒤 진흙으로 덮어 불에 구웠다. 뜨거워지면서 밀랍이 녹아 내려, 구워진 진흙 안에는 향로와 똑같이 생긴 공간이 만들어졌다. 거푸집이 완성된 것이다. 밀랍이 녹아 나온 길에 녹인 청동물을 조심스럽게 부었다. 이번에는 실패하지 않기를 마음속으로 기도했다.

백제의 장인들은 아주 솜씨가 뛰어났다. 금을 비롯한 귀한 보석들과 청동을 가지고 임금님과 높은 귀족들이 원하는 것을 만들었다. 나라의 제사에 쓸 향로를 만들기도 하고, 귀걸이나 목걸이 같은 장신구를 만들기도 했다. 무엇보다 중요한 일은 돌아가신 임금님의 무덤에 함께 넣을 물건을 만드는 일이었다.

불교가 전해지면서 불상과 탑을 많이 만들었는데, 그 솜씨도 백제의 장인들을 따라올 사람이 없었다. 백제의 장인들은 임금님의 명을 받아 신라나 바다 건너 왜에 가서 일을 하기도 했다. 백제 사람 아비지는 신라에 가서 황룡사 9층 목탑을 세웠고, 왜에도 많은 장인이 건너갔다.

고구려·신라·가야의 장인들도 솜씨가 좋았다. 이들은 처음에 비교적 높은 대우를 받았다. 백제에서는 기와를 잘 만드는 장인을 '와박사'라고 부르기도 했다. 그러나 시간이 지나고 기술이 좋아질수록 왕과 귀족들은 장인의 솜씨를 독차지하기 위해 장인의 자유를 빼앗았고, 대우는 점점 더 나빠져 갔다.

백제 금동 대향로
충청남도 부여의 능산리 절터에서 발견되었다. 백제 문화의 꽃이라 할 수 있는 이 향로는 성왕을 제사 지내기 위해 만들었던 것으로 추정한다.

문화재를 찾아서

영원의 미소, 금동 미륵보살 반가 사유상

모든 사람이 왕의 백성이던 시절, 왕은 부처에, 귀족은 보살에 비교되었다. 부처가 깨달음을 얻은 존재라면, 보살은 부처가 될 수 있지만 다른 사람들을 깨우치기 위해 부처가 되는 것을 미룬 존재이다. 다시 말해, 귀족은 지금 보살이지만 언젠가 부처(왕)가 될 존재라는 말이다. 이런 생각은 자신이 가지고 있던 권력을 왕에게 조금씩 내어 주고, 이인자에 머무르게 되었던 귀족들의 마음을 달래 주었다.

불교가 들어오면서 불상이 많이 만들어졌는데, 삼국 시대에는 특히 미륵보살상이 유행했다. 미륵보살은 먼 훗날 부처가 되어 인간 세상에 내려와 고통받는 민중을 구원할 보살인데, 왕과 귀족, 백성 모두의 마음에 쏙 드는 존재였다.

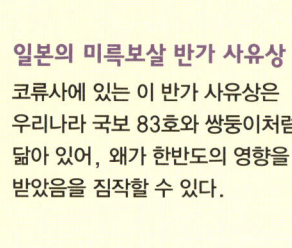

국보 83호
단순하면서 부드러운 선으로 미륵보살의 고귀함을 드러냈다. 수줍은 듯한 미소와 춤추는 듯 자연스럽게 흘러내린 옷자락의 곡선이 아름답다.

일본의 미륵보살 반가 사유상
코류사에 있는 이 반가 사유상은 우리나라 국보 83호와 쌍둥이처럼 닮아 있어, 왜가 한반도의 영향을 받았음을 짐작할 수 있다.

미륵보살이 한쪽 다리를 다른 쪽 무릎 위에 올려놓고, 손가락으로 얼굴을 살짝 받친 채 생각에 잠겨 있다. 반쯤 감은 눈, 다문 입술에서 미소가 피어오른다. 깨달음을 얻은 순간에 보인 영원의 미소다. 그 순간을 절묘하게 잡아낸 금동 미륵보살 반가 사유상이 두 개 있다. 1500년 세월의 녹이 찬란한 금빛을 가렸지만 아름다움은 더 깊고 고요해졌다.

국보 78호
오똑한 콧날, 깊은 눈매, 입가에 번진 그윽한 미소가 아름답다. 머리에 쓴 관과 옷매무새가 화려하지만, 결코 가볍지 않은 기품이 흐른다.

400년
- **400년** 고구려 광개토 대왕, 가야·왜 연합군 격퇴
- **414년** 고구려 장수왕, 광개토 대왕릉비 세움
- **427년** 고구려, 평양으로 수도 옮김

450년
- **433년** 나·제 동맹
- **475년** 백제, 웅진으로 수도 옮김
- **494년** 고구려, 부여 정복

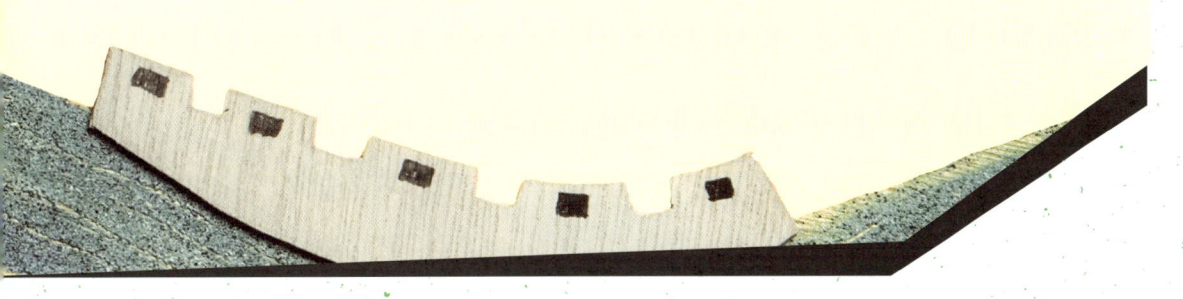

3
한강의 마지막 주인

500년
- 502년 신라 지증왕, 순장 금지·우경 장려
- 520년 신라 법흥왕, 율령 반포
- 527년 신라, 불교 공인

550년
- 538년 백제, 사비로 수도 옮김
- 553년 신라, 한강 유역 점령
- 562년 신라, 가야 정복

백제의 성장

근초고왕, 영토를 확장하다

백제가 자리 잡은 한강 유역은 농사가 잘되고 뱃길도 편리해 사람이 많이 모여 사는 축복받은 땅이었다. 그러나 고구려가 험한 지형을 이겨 내며 나라를 키우고 주변으로 뻗어 나갈 때 백제는 왕위를 놓고 귀족들끼리 다투느라 어수선했다. 346년, 왕위에 오른 백제 근초고왕은 어떻게 하면 귀족들 사이의 다툼을 없앨 것인지 고민했다. 또 낙랑을 차지하고 백제의 코앞까지 다가온 고구려도 큰 걱정거리였다. 근초고왕은 왕권을 강화해야만 한다고 생각했다.

'전쟁에서 이기려면 병사들을 내 손발처럼 쓸 수 있어야 하는데, 지금 병사들을 거느리는 사람은 죄다 귀족들이군. 왕의 명령을 중심으로 뭉쳐야 전쟁에서도 승리할 수 있을 텐데…….'

근초고왕은 먼저 왕위를 튼튼히 해야 한다고 생각했다.

'왕위를 튼튼히 해야 정치가 안정되고 왕의 권력이 강해질 게야. 그렇게 하려면 먼저 후계자를 확실하게 정해야겠지. 권력이 이 집안, 저 집안으로 옮겨 가거나 분산되지 않도록 왕의 자리를 아들에게 물려주도록 해야겠군. 왕비는 왕실을 지지하는 진씨 가문에서 맞아들이는 게 좋겠어.'

정치를 안정시킨 근초고왕은 바다 건너 중국 대륙의 여러 나라와 교류를 시도했다. 뿐만 아니라 남쪽에 있던 작은 나라들을 정복해 백제의 영토를 남해안까지 넓혔다. 이어서 지리산을 넘어 가야의 여러 나라에게 영향력을 끼쳤고, 가야에 드나들던 왜의 사람들을 만나게 되었다. 이때 나라의 틀을 만들어 가던 왜는 백제의 앞선 문화와 제도를 받아들여 세력을 키우려고 했다.

"우리에게 백제의 뛰어난 지식과 기술을 나눠 주시면, 원하시는 때에 군사를 보내겠습니다."

백 번 담금질한 철로 만들어 많은 적병을 물리칠 수 있으니
제후의 나라 왕들에게 나눠 줄 만하다.
이 같은 칼은 전에 없었는데,
백제의 왕세자가 일부러 왜왕을 위해 만들었으니,
후세에 전해 보이도록 하라.

칠지도
7개의 가지가 뻗어 있어 칠지도라 부른다. 칼 앞뒷면에 61자를 금으로 새겨 넣었다. 백제의 근초고왕이 왜왕에게 하사한 칼로, 지금은 일본 이소노카미 신궁에 보관되어 있다.

근초고왕은 왜의 요청을 받아들였다.

"유학이 뛰어난 사람을 뽑아 왜에 보내도록 하라. 그리고 최고의 기술로 최고의 칼을 만들어라. 내가 왜왕에게 선물로 줄 것이니라."

근초고왕은 칠지도를 왜왕에게 선물했다. 칠지도는 여러 개의 가지가 뻗어 나온 모양으로 금으로 글씨를 새겨 넣었고, 가장자리에도 가는 금선을 둘러 장식했다.

백제는 한반도 남쪽의 주인이 되었다. 가야는 백제의 손안에 있었으며, 신라 역시 힘이 약해 백제로부터 자유롭지 못했다. 바다 건너 왜도 백제의 편이 되었다. 이제 근초고왕은 북쪽으로 자신 있게 눈을 돌렸다.

낙랑을 몰아낸 고구려는 서쪽으로 영토를 넓혀 요동 땅을 차지하려고 했다. 이때 중국에는 한나라가 무너진 자리에 북쪽의 유목 민족들이 내려와 여러 개의 나라를 세우고 있었다. 그 나라 가운데 하나인 전연이 요동 지역을 놓고 고구려와 대립했다.

342년, 전연의 군대가 고구려의 수도를 직접 공격했다. 국내성을 점령한 전연의 병사들은 궁궐과 집들을 불태우고 성벽을 허물었다. 그리고 고국원왕의 아버지 미천왕의 무덤을 파헤쳐 시신을 가져가고, 왕의 어머니와 왕비, 5만여 명에 이르는 백성을 포로로 끌고 돌아갔다.

고국원왕은 요동을 포기하고 남쪽으로 방향을 돌렸다. 남쪽에는 백제가 버티고 있었다. 고국원왕이 직접 군대를 이끌고 황해도 남부로 내려오자 백제의 근초고왕은 아들 근구수를 보냈다. 2만여 명이나 되는 고구려의 병사는 백제군 앞에 힘없이 무너지고 말았다.

371년, 근초고왕은 승리의 여세를 몰아 직접 군대를 이끌고 평양성까지

치고 올라갔다. 황색 깃발을 든 백제의 병사들이 평양성을 포위했다. 이때 근초고왕의 명령이 떨어졌다.

"평양성을 공격하라."

아버지와 함께 간 근구수 왕자는 이번에도 맨 앞에서 병사들을 이끌었다. 평양성에 내려와 있던 고국원왕은 전투를 지휘하며 필사적으로 백제의 공격을 막고 있었다.

"저들 가운데 고구려의 왕이 있다. 왕을 죽이면 승리는 우리의 것이다. 고구려의 왕을 죽이는 자에게 큰 상을 내리리라."

백제군은 화살을 쏘아 대기 시작했다. 비처럼 쏟아지는 화살 가운데 하나가 고국원왕의 갑옷을 뚫었다. 고구려는 평양성을 겨우 지켜 냈지만, 평양성 남쪽 지역을 모두 백제에게 내주고 말았다. 왕과 왕의 목숨 건 맞대결에서 승리한 백제는 이제 황해도에서 전라도에 이르는 넓은 영토를 차지하게 되었다.

서해 바닷길의 주인, 백제

백제는 영토를 넓히면서 바닷길도 차지했다. 백제나 가야, 왜의 사람들이 중국에 오가려면 배를 타고 서해 바닷가를 따라 항해해야만 했다. 큰 바다로 나가면 물살이 세고, 방향을 잡기 어려웠기 때문이다.

이 길은 일찍이 고조선이 차지했었고, 고조선이 멸망한 뒤에는 한나라와 낙랑의 영역이었다가 이어서 고구려가 차지했지만, 이제 백제가 서해 바닷길의 주인이 되었다.

김해에서 배 한 척이 백제를 향해 출발했다. 백제의 수도 한성을 거쳐 중국까지 가는 이 배에는 금관가야의 상인들과 함께 백제로 가는 왜의 사신이 타고 있었다. 이 배는 남해안의 여러 섬 사이를 지나 서해로 올라오더니 변산반도에서 멈춰 섰다.

　멈춘 배에서 내린 사람들은 모두 시커먼 바위가 쩍쩍 갈라져 멋진 경치를 이룬 바닷가 절벽 위로 올라갔다. 그곳에는 이미 한 무리의 사람이 모여 음식을 차려 놓고 제사 올릴 준비를 하고 있었다. 무당이 요란한 방울 소리를 내며 알아들을 수 없는 주문을 외우는 동안 뱃사람들은 두 손을 연신 비벼 대며 절을 했다. 왜인들은 주머니에서 장난감처럼 돌로 만든 조그마한 인형을 꺼내어 바쳤다. 가야 사람들은 조그마한 칼과 거울을 바다의 신에게 바쳤다.

　이곳 바다는 풍랑이 잦아서 가끔 지나가는 배들이 침몰하곤 했기 때문에 뱃사람들은 목적지까지 무사히 가기 위해 여기에 모여 제사를 올렸다. 백제의 바닷길을 지나는 사람들의 국제적인 제사 장소인 셈이었다.

　백제 사람들은 이 뱃길을 통해 중국의 요서 지방과 산둥 지방으로 진출하여 무역을 했으며, 남쪽으로는 오늘날 베트남과 캄보디아가 있는 동남아시아 지역까지 내려가 교류했다.

고구려 소수림왕, 체제를 정비하다

만주를 달리며, 요동을 넘보며, 거침없이 세력을 넓혀 오던 고구려는 충격에 휩싸였다. 백제와의 전투에서 왕이 죽다니……. 평양성 전투를 수습하고 왕위에 오른 소수림왕은 고구려가 안고 있는 문제점이 무엇인지 살폈다.

'이렇게 처참하게 백제에 진 이유가 무엇일까? 땅덩어리는 커졌는데 나라를 다스리는 방식이 변하지 않았기 때문일 것이다. 고구려가 한 단계 도약하기 위해서는 새로운 제도가 필요해. 그리고 무엇보다도 왕의 죽음으로 흔들린 권위를 바로 세워야 한다.'

소수림왕이 나라의 기틀을 다시 세우기 위해 노력하고 있을 때 중국에서 승려 순도가 사신과 함께 고구려에 왔다. 순도는 어린아이처럼 머리를 깎고 기다란 천을 몸에 휘감고 있었다. 소수림왕이 순도에게 물었다.

"불교란 무엇인가?"

"불교는 석가모니 부처님의 가르침을 따르는 종교입니다. 왕자로 태어난 석가모니 부처님께서는 깨달음을 얻으시고, 세상 모든 사람에게 자비를 베풀면서 착하게 살아야 한다고 말씀하셨습니다. 왕께서 부처님의 가르침을 이 세상에 펼치시면 백성들은 임금님을 부처님처럼 우러러볼 것입니다."

순도가 불경과 불상을 꺼내어 소수림왕에게 바치자 소수림왕은 무릎을 탁 치며 말했다.

"그래, 바로 이거야. 불교야말로 고구려 백성들과 귀족들의 마음을 왕에게로 모을 수 있는 힘이 될 것이다."

　소수림왕은 불교를 받아들이고 절을 세우는 한편, 나라를 다스리는 데 필요한 기본적인 법률을 만들었다. 그리고 법에 따라 나라를 다스리게 하여 지역마다 다른 관습에 따르거나 그때그때마다 다른 명령에 따르는 일이 없도록 했다.

　태학이라는 학교도 세워 한자와 유교를 가르쳤다. 이때에는 모든 문서를 한자로 썼기 때문에 한자를 잘 아는 사람이 필요했다. 외교 문서는 한 글자라도 잘못 쓰면 완전히 다른 뜻이 되어 심각한 외교 갈등을 일으켰기 때문이다. 특히 유교의 내용을 모르면 중국에서 유교 경전을 인용해서 써 보낸 외교 문서를 이해할 수 없는 경우도 많았다.

　소수림왕은 불교를 받아들이고, 법률을 만들고, 학교를 세우는 등 착실하게 고구려의 기틀을 튼튼히 했다. 이러한 소수림왕의 노력은 다음 시대를 이끌어 나가는 밑거름이 되었다.

연가 7년명 금동 여래 입상
옛 신라 지역인 경상남도 의령에서 발견된 고구려의 불상이다. 뒷면에 불상의 유래를 말해 주는 47자의 글자가 새겨져 있다.

천천히 자리 잡아 가는 신라

한반도 동남쪽에 자리 잡은 신라는 고구려와 백제에 비해 늦게 성장했다. 1000미터를 넘나드는 높은 산들이 늘어선 소백산맥은 자연스럽게 적을 막아 주는 방어벽이 되었지만, 반대로 신라가 뻗어 나가는 것을 막는 장애물이 되기도 했다. 따라서 중국의 앞선 문물을 접할 기회가 적었고, 바깥에서 들어오는 사람들도 적어 변화도 천천히 일어날 수밖에 없었다.

신라에서는 오랫동안 박·석·김의 세 집안이 돌아가면서 나라를 다스렸는데, 내물 마립간이 즉위하면서 김씨가 왕위를 계속 이어 가게 되었다. 원래 신라에서는 지배자를 '이사금'이라고 불렀다. 이사금은 나이가 많은 사람이라는 뜻이었다. 그러나 이제 대군장이며 우두머리라는 뜻을

신라의 황금
신라의 돌무지덧널무덤에서는 많은 껴묻거리가 발굴되었는데, 특히 금관, 금귀걸이, 금팔찌, 금모자, 금허리띠 등 화려한 황금 장신구가 많이 발견되었다.

가진 '마립간'이라는 칭호를 사용하기 시작했다. 왕권이 눈에 띄게 강해진 것이다.

이 시기에 신라에서는 특별한 형태의 무덤이 만들어졌다. 먼저 나무를 잇대어 커다란 상자 모양의 덧널을 만들고, 그 안에 관을 넣고 금관과 화려한 귀걸이, 허리띠 같은 물건을 잔뜩 넣었다. 덧널의 주위에 둥글둥글한 냇돌을 쌓아서 덮고, 그 위에 다시 흙을 산처럼 쌓아 올렸다. 이런 무덤을 '돌무지덧널무덤'이라고 하는데, 시간이 지나 덧널이 썩어서 돌무더기가 무너져 내리면 무덤 안으로 들어가기 어려웠기 때문에 도굴꾼들의 손을 피해 많은 유물이 보존될 수 있었다.

내물 마립간이 다스리던 때의 신라는 여러모로 발전했다. 그러나 백제 근초고왕과 고구려 광개토 대왕의 기세에 눌려 힘을 키우지 못했다.

대릉원
경상북도 경주시 황남동에 있는 신라 시대의 고분군을 말한다.
신라의 왕, 왕비, 귀족의 무덤 23기가 모여 있다.

고구려의 발전

광개토 대왕, 백제를 제압하다

4세기 후반, 중국에서는 여러 나라가 서로 싸우고 있었고 한반도의 주도권은 백제가 쥐고 있었다. 그러나 391년, 광개토 대왕이 등장하면서 동북아시아의 지도가 달라지기 시작했다. 광개토 대왕은 왕위에 오를 무렵 겨우 18세의 청년이었지만 타고난 전략가요, 장군이었다.

"남쪽 국경을 마주하고 있는 백제는 넓은 평야가 많아 곡식이 풍부하고 백성도 많이 살고 있습니다. 결코 무시할 수 없는 나라입니다."

"북쪽에서 거란족이 자꾸 쳐들어와 고구려 백성들을 잡아가는 것도 막아야 합니다."

"무엇보다도 중국과의 국경이 문제입니다. 중국은 땅이 넓고 힘센 나라로 항상 우리 고구려를 넘보고 있습니다."

지도를 보며 잠자코 신하들의 이야기를 듣던 광개토 대왕이 일어섰다.

"장군들의 말처럼 서쪽 국경의 중국 세력이 고구려를 가장 위협하고 있습니다. 중국 세력이 쉽게 쳐들어오지 못하게 하려면, 요동을 차지해야만 합니다. 그러려면 먼저 남쪽의 백제가 치고 올라오지 못하도록 해야 합니다. 백제를 한강 남쪽으로 밀어낸 다음, 북쪽과 서쪽 땅을 정복합시다. 내가 가는 곳이 모두 고구려의 땅이 될 것이며, 내 눈앞에 펼쳐진 땅 전부가 고구려에 속하게 될 것입니다."

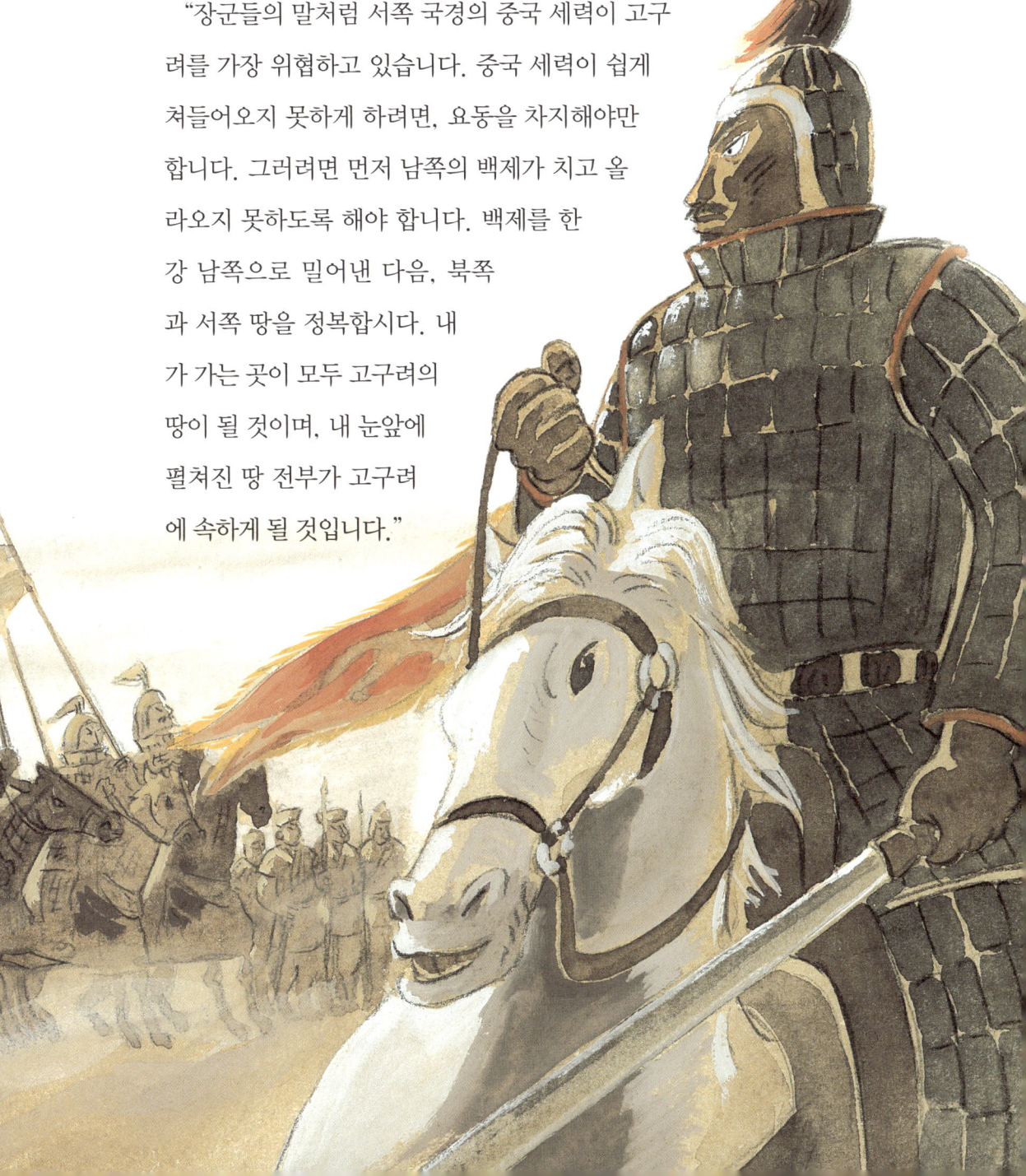

광개토 대왕은 왕위에 오르자마자 정복 전쟁을 시작했다. 그 첫 번째 목표는 백제였다. 남쪽으로 내닫기 시작한 고구려의 병사들은 순식간에 임진강 어귀의 관미성을 점령했다. 광개토 대왕은 직접 군대를 이끌고 백제의 수도를 향해 진격해 나갔다.

"위대한 고구려의 전사들이여! 우리는 오늘 백제 땅을 짓밟고 백제 왕의 머리를 쳐서 억울하게 돌아가신 고국원왕의 원수를 갚을 것이다. 자, 모두 무기를 들어라!"

"와! 와!"

쩌렁쩌렁한 광개토 대왕의 호령에 답이라도 하듯 고구려 병사들의 함성 소리가 들판을 가득 메웠다. 갑옷을 입고 말 위에 올라서 전쟁터를 종횡무진 누비고 다니는 광개토 대왕의 모습은 마치 전쟁의 신을 보는 듯했다.

"고구려의 군사가 물밀 듯이 몰려오고 있습니다. 이대로 있다가는 몰살을 당하고 말 것입니다. 어서 다른 곳으로 피하십시오."

"피한다고 어디로 가겠느냐? 목숨을 지키고 나라를 살리려면 차라리 항복하는 것이 낫다."

고구려의 병사들이 성을 포위하자, 백제의 아신왕은 성문을 열고 나와 광개토 대왕 앞에 무릎을 꿇었다.

"우리 백제는 앞으로 고구려를 섬기겠습니다."

광개토 대왕은 백제의 항복을 받아들이면서 아신왕의 동생과 백제 귀족 10명을 인질로 끌고 갔다. 그리고 백제의 성 58개와 마을 700여 개를 빼앗아 한강 너머 북쪽의 백제 땅을 거의 다 차지했다. 이제 백제는 고구려의 신하 나라가 되었다.

동북아시아 최강, 고구려의 기병

백제 아신왕은 비록 광개토 대왕에게 고개를 숙였지만, 정말로 고구려의 신하가 될 생각은 조금도 없었다. 오히려 한반도의 일인자라는 자존심을 되찾기 위해 기회를 엿보고 있었다.

그런데 이때 신라의 내물 마립간이 왕족인 실성을 고구려에 인질로 보냈다. 고구려나 백제, 가야에 비해 발전이 늦었던 신라는 중국으로 가는 길을 찾고 있었는데, 때마침 고구려가 신라의 사신에게 중국으로 가는 길을 안내해 주었고, 이에 대한 고마움의 표시로 실성을 고구려에 보낸 것이다.

아신왕은 고구려와 친하게 지내는 신라의 행동이 몹시 못마땅했다. 신라까지 고구려의 편을 든다면 백제는 완전히 고구려에 눌리게 될 것이 뻔했기 때문이다.

'이대로 주저앉을 수는 없지. 고구려 세력을 막으면서 신라도 견제할 수 있는 방책이 없을까? 옳거니, 왜의 병사를 이용하면 되겠군. 전에도 가끔씩 바다를 건너 신라에 쳐들어가 곡식을 빼앗고 사람들을 잡아가곤 했으니, 우리 백제가 직접 나서지 않고도 신라를 혼내 줄 수 있을 거야.'

골머리를 앓던 아신왕은 바다 건너 왜에 자신의 아들을 보냈다. 백제는 왜에 기술과 문화를 전해 주겠다고 약속하고 군사적 지원을 끌어내는 데 성공했다. 왜는 가야의 여러 나라와 손잡고 신라를 공격했다. 가야의 군대는 철 갑옷을 입었고, 왜의 병사들은 치고 빠지는 데 능숙했다. 가야와 왜의 연합 군대를 도저히 막아 낼 수 없었던 신라는 결국 고구려에 도움을

고구려의 기병
고구려 통구 12호분에 그려진 벽화. 중무장한 개마 무사가 긴 창을 잡고 적을 향해 달려 나가고 있다. 병사와 말이 모두 비늘 갑옷과 투구를 걸치고 있다.

요청했다.

"왜가 쳐들어와 우리 수도를 에워싸고 공격하고 있습니다. 부디 군사를 보내시어 신라를 도와주십시오."

400년, 광개토 대왕은 5만여 명의 병사를 신라에 보냈다. 숫자만 듣고도 기가 팍 죽을 만큼 대단한 병력이었다. 게다가 고구려의 군대는 동북아시아 최강이었다.

고구려의 기병은 철판 조각을 가죽끈으로 이어 붙여 만든 갑옷을 입었다. 이 철판 조각의 뒷면에는 가죽을 붙였기 때문에 화살이 쉽게 뚫고 들어올 수 없었다. 머리에서 발끝까지 갑옷을 입으면 얼굴과 손만 바깥으로 나왔다. 발에도 강철못이 달린 신발을 신었다. 게다가 말에게도 발목까지 내려오는 철갑 옷을 입혔다.

　말과 병사 모두 철갑 옷으로 무장한 고구려의 기병이 4미터가 넘는 긴 창을 들고 내달리면 상대편 군사들은 겁을 집어먹고 달아나기 바빴다. 고구려의 병사들이 들고 있는 칼과 창은 훨씬 질 좋은 강철로 만들어져 있었다. '맥궁'이라 불리는 고구려의 활은 크기가 작았지만 철판을 뚫을 정도로 성능이 뛰어났다.

　고구려군은 신라에 쳐들어온 가야와 왜의 연합군을 무찌르고, 도망치는 병사들을 쫓아 김해까지 쳐들어갔다. 가야의 여러 나라를 이끌던 김해의 금관가야는 완전히 쑥대밭이 되었다. 바닷가에 살던 가야 사람들은 고구려군의 손이 닿지 않는 내륙의 고령 지방으로 옮겨 갔다. 금관가야에서 철기를 만들던 기술자들이 들어오면서 고령 지방에 자리 잡은 대가야가 성장했다. 고구려군을 피해 왜로 간 사람도 많이 있었다. 이들은 왜에 가야식 토기를 만드는 방법과 제철 기술을 전해 주었다.

　고구려는 한반도의 남쪽까지 세력을 뻗쳤다. 신라는 고구려의 도움으로 멸망 직전에서 살아났지만, 이제부터 고구려의 간섭을 받아야만 했다. 고구려의 군대는 신라의 수도에 계속 머물렀고, 고구려 왕은 신라의 왕위 계승에 간섭했다. 신라도 고구려의 신하 나라가 되었다.

천하의 중심, 고구려

광개토 대왕의 정복 전쟁은 한반도 안에서 멈추지 않았다. 북쪽에 있는 거란을 공격해 잡혀 갔던 고구려 주민 1만여 명을 되찾고, 포로 500여 명을 얻었으며, 숙신을 공격해 주민 300여 명을 사로잡고 만주 지역을 차지했다. 이어서 북서쪽으로 눈을 돌려 요동을 차지했다. 랴오허 강을 경계로 동쪽 땅에는 높고 험한 산들이 줄줄이 늘어서 있었다. 고구려는 이곳을 차지한 뒤 성을 쌓아 중국의 침입을 막는 방어벽을 마련했다. 비사성, 안시성, 요동성, 현도성으로 이어지는 서북쪽의 국경은 훗날 고구려를 지키는 방패가 되었다.

　광개토 대왕이 마흔도 안 된 젊은 나이에 세상을 떠나자, 뒤를 이은 장수왕은 돌을 깎아 계단식으로 쌓아 올려 커다란 무덤을 만들고, 아버지 광개토 대왕의 업적이 빼곡히 적힌 큰 비석을 세웠다. 6미터가 넘는 높이에 37톤이나 되는 큰 돌의 네 면에는 아름다운 글씨가 새겨져 그 자체로 거대한 역사책이 되었다.

　비석에 새겨진 광개토 대왕의 원래 이름은 '국강상광개토경평안호태왕'이다. '나라의 영토를 넓히고 백성을 편안하게 살 수 있도록 만들어 준 위대한 왕'이라는 찬사를 받은 것이다.

　광개토 대왕은 왕위에 있었던 22년 동안 쉬지 않고 정복 전쟁을 펼쳐서 고구려의 영토를

광개토 대왕릉비
고구려 광개토 대왕의 공적을 기리고자 아들 장수왕이 414년에 세운 비석. 중국 지린 성 지안 시 퉁거우에 있으며, 이 사진은 복원품이다.

사방으로 넓혀 나갔다. 그리고 백제, 신라, 가야를 신하의 나라로 거느려 고구려 천하를 완성했다. 광개토 대왕은 '영락'이라는 연호를 사용하면서 중국 황제와 대등함을 과시했다. 고구려는 천하의 중심이었고, 동북아시아의 진정한 일인자였다.

수도를 평양으로 옮기다

장수왕은 광개토 대왕이 정복한 땅을 온전히 고구려의 영토로 만들기 위해 노력했다. 장수왕이 왕위에 오를 무렵, 중국에서는 '북위'라는 나라가 커지면서 황허 강 북쪽의 여러 나라를 통합해 가고 있었다. 고구려는 북위와 서쪽 국경을 마주하게 될 것이 뻔했으므로 장수왕은 이에 대비하기 위해 수도를 남쪽으로 옮기기로 결정했다.

"국내성은 고구려가 처음 세워져 나라의 기틀을 잡은 이래 400여 년 동안이나 고구려의 도읍이었습니다. 이제 새삼스럽게 수도를 옮길 이유가 무엇입니까?"

"수도를 옮기려면 성도 새로 쌓고 궁궐도 새로 지어야 합니다. 비용도 많이 들고 백성들도 힘들어 할 것입니다. 천도를 한다는 것은 국력의 낭비일 뿐입니다."

국내성에 기반을 둔 귀족들은 수도를 옮기는 것에 반대했다.

"국내성이 오랫동안 도읍이었던 것은 사실이오. 또 선왕들의 무덤이 있는 신령스러운 땅이라는 것을 내가 어찌 모르겠소. 그러나 이제 국내성은 넓은 영토를 다스리는 데 너무 좁을 뿐만 아니라 앞으로 있을 북위의 침략에 대비하기 위해서도 수도를 남쪽으로 옮길 필요가 있소. 광개토 대왕께서 평양에 성을 쌓고 절을 세워 제2의 수도로 만드셨으니, 조금만 손을 보면 훌륭한 도읍이 될 것이오. 게다가 남쪽에는 많은 곡식을 생산할 수 있는 넓은 평야가 있지 않소. 이번 기회에 한강 너머 남쪽까지 전부 고구려의 땅으로 만듭시다."

장수왕은 귀족들의 반대를 무릅쓰고 평양으로 수도를 옮기고자 했다. 평양 천도에는 귀족들의 세력을 약화시키겠다는 속셈도 있었다. 427년, 장수왕은 평양으로 수도를 옮기고 북위와 외교 관계를 맺은 다음, 본격적으로 남진 정책을 추진했다.

고구려가 평양으로 수도를 옮기자 백제는 바짝 긴장했다. 고구려보다 군사력이 약했던 백제는 주변 나라를 자기편으로 만들기 위해 백방으로 뛰었다.

먼저 신라에 사신을 보내 동맹을 제안했다. 신라를 다스리던 눌지 마립간은 고구려의 지원을 받아 왕위에 오른 인물이었다. 하지만 그는 고구려의 마음이 바뀌면 언제든지 쫓겨날 수 있는 상황에 놓여 있었다. 눌지 마립간은 고구려의 눈치를 보면서 고구려의 보호를 받는 것보다는 백제와 손을 잡고 고구려의 간섭에서 벗어나는 쪽을 선택했다.

마침내 백제와 신라 사이에 동맹이 성립되었다. 고구려군이 백제에 쳐들어올 경우에는 신라가 돕고, 신라에 쳐들어오면 백제가 도와주겠다는 약속을 했다.

455년에 신라가 백제를 지원했고, 464년에는 백제가 신라를 도왔다. 481년에는 백제, 신라, 가야가 연합해서 고구려군을 물리치기도 했다.

고구려 전성기(5세기)의 세력 범위
고구려는 한반도 중부 지역뿐 아니라 만주 땅까지 차지해 명실공히 동북아시아의 강대국이 되었다.

 신라와 백제의 동맹인 나·제 동맹은 고구려의 공격으로부터 백제와 신라를 살린 절묘한 선택이었다.
 백제의 개로왕은 나아가 중국 양쯔 강 유역에 자리 잡은 송나라에 사신을 보내고 왜와도 좋은 관계를 유지하려고 애썼다. 472년, 북위와 고구려의 사이가 나빠졌다는 소식이 전해졌다. 고구려를 물리칠 때가 왔다고 판단한 개로왕은 북위에 사신을 보내 고구려를 정벌해 달라고 요청했다.

개로왕은 고구려를 둘러싼 모든 나라를 자기편으로 만들어 고구려를 고립시키려 한 것이다. 그러나 북위는 백제의 요청을 거절했고, 오히려 이 사실을 고구려에 알렸다.

장수왕의 분노가 폭발했다.

"일찍이 고구려에 복종을 맹세했던 백제와 신라가 아니더냐. 서로 동맹을 맺어 저항하는 것도 모자라서 북위를 끌어들여 우리를 공격하겠다고? 감히 천하의 주인에게 덤비다니, 고구려의 힘을 보여 주고 천하의 질서를 바로잡자."

장군총
형태가 가장 잘 남아 있는 고구려의 돌무지무덤으로 장수왕의 무덤으로 추정된다. 높이 13미터, 각 변의 길이는 33미터, 받침돌의 무게가 2톤에 이른다.

장수왕은 3만여 명의 병사를 동원해 백제를 공격했다. 백제의 한성은 삽시간에 고구려에 포위당했고, 개로왕은 7일 밤낮을 처절하게 대항하며 버텼지만 역부족이었다. 성을 빠져나가 도망치던 개로왕은 고구려 병사에게 붙잡혀 아차산 아래까지 끌려가 처참하게 죽임을 당했고, 백제는 무너지고 말았다.

한강을 넘어 남쪽으로 깊숙이 내려온 고구려는 오늘날의 충청도 북부 지역을 차지하고 동해안의 포항 근처까지 영토를 넓혔다. 게다가 한강 하류는 물론이고 남한강 상류 지역까지 전부 고구려의 영토가 되었다. 북쪽에 남아 있던 부여도 완전히 고구려에 합쳐져 고구려의 영토는 최대로 넓어졌다.

98세까지 살았던 장수왕은 79년이나 고구려를 다스렸다. 광개토 대왕에서 장수왕에 이르는 100여 년은 고구려가 동북아시아 최강자의 자리를 지켰던, 고구려의 전성기였다.

신라의 도약

수도를 옮긴 백제

개로왕의 동생 문주가 신라의 구원병 1만 명과 함께 돌아오자 고구려의 군대는 물러갔다. 하지만 이미 개로왕은 살해당했고 수도는 짓밟혀 폐허가 되어 있었다.

"아, 너무 늦은 것 같소. 백제가 이렇게 무너지다니……. 한성은 이제 다시 살아나기 힘들 듯하오."

"수도를 옮겨 다시 나라의 틀을 잡아야 합니다."

"예, 맞습니다. 저 아래 웅진이라는 곳이 수도로 적당할 듯하옵니다. 웅진은 금강을 끼고 있어 서해로 나가기도 좋고, 북쪽과 동쪽에 산이 있어 고구려의 침입을 막기에도 적합합니다."

"그럼, 어서 수도를 옮깁시다. 지금이라도 백성을 보살펴야겠소."

한성에서 왕위에 올랐던 문주는 백성들을 이끌고 남쪽으로 내려가 웅진을 새로운 도읍으로 정했다. 백제는 다시 살아났다. 하지만 전쟁에서

진 뒤 왕의 권위는 땅에 떨어졌고, 이 틈을 타 권력을 잡으려는 귀족들의 다툼이 심해져 혼란이 계속되었다.

501년, 마흔 살에 즉위한 무령왕은 잘생긴 데다 성품이 넉넉하고 인자해 인기가 높았다. 무령왕은 국내의 혼란을 수습하고자 마음먹었다.

'이대로 가다간 백제의 미래는 없다. 다시 왕권을 강화하고 백성들의 삶을 안정되게 만들어야 해. 그리고 다른 나라와의 관계도 돈독히 해야 한다. 그래야만 잃었던 백제의 영광을 되찾을 수 있을 게야.'

무령왕은 귀족들 사이의 다툼을 수습하고 왕족을 중심으로 정치를 운영해 왕권을 강화하려고 했다. 나라가 안정되려면 무엇보다도 백성들의 살림살이가 나아져야 한다는 생각에 무령왕은 농사를 돌보고 백성들을 살폈다.

비록 한강 유역은 고구려에게 내주었지만, 아직 백제 땅에는 넓은 평야가 많이 남아 있었다. 남쪽의 넓은 평야에 곡식을 심고 기를 수 있도록 농토를 개간하고 저수지를 만들었다. 흉년이 들면 나라의 창고를 열어 백성들에게 곡식을 나눠 주기도 했다.

무령왕은 왜와 더욱 친밀한 관계를 맺었고, 중국의 남쪽 나라들에 사신을 보내며 활발하게 교류했다. 무령왕이 다스리는 동안 백제는 안정을 되찾았고, 고구려의 공격도 여러 차례 막아 냈다.

무령왕이 죽자, 백성들은 훌륭하게 나라를 다스린 것에 대한 보답으로 정성 들여서 무덤을 만들었다. 남중국의 귀족들 사이에서 유행하던 무덤 형태를 본떠서 예쁜 꽃무늬 벽돌을 쌓아 올렸다. 무덤길의 천장은 무지개 모양으로 만들고, 나무 널은 일본에서 자라는 금송을 가져다가 만들었다.

무령왕릉
벽돌을 쌓아 만든 무덤으로
중국 남조의 무덤 양식을 따랐다.
예쁜 벽돌 조각을 이어 붙여
꽃무늬를 나타냈다.

금으로 만든 관장식, 금귀걸이 같은 껴묻거리를 많이 넣었고, 무덤을 지키는 신령스러운 동물을 만들어 함께 넣었다. 토지신으로부터 무령왕의 무덤 자리를 사들인 계약 문서도 넣었다. 죽은 뒤에도 영원을 누리기를 기원하는 마음이 무덤 곳곳에 배어 있었다. 백제를 혼란 속에서 구한 무령왕의 무덤은 도굴꾼의 손을 용케 피해 오늘날 우리에게 백제의 영광과 백제인의 솜씨를 보여 주고 있다.

왕과 왕비의 금제관식
왕과 왕비가 머리의 양 옆에 하고 있던 것이다. 왼쪽이 왕의 것, 오른쪽이 왕비의 것으로 섬세한 백제인의 감각을 보여 준다.

왕의 금제 뒤꽂이
왕의 머리 뒤를 꾸미는 장식이다.

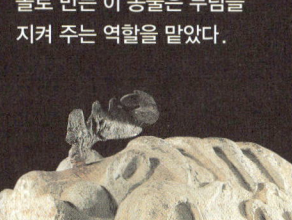

석수
돌로 만든 이 동물은 무덤을 지켜 주는 역할을 맡았다.

무령왕릉에서 나온 지석
우리나라에서 가장 오래된 지석. 무령왕의 이름이 새겨져 있어서 삼국 시대 왕릉 가운데 묻힌 사람이 누구인지 알 수 있는 유일한 무덤이다.

성왕, 중흥을 꾀하다

무령왕의 뒤를 이은 성왕은 수도를 다시 사비로 옮겼다. 금강을 끼고 있는 사비는 웅진보다 터가 넓고 외세의 침입을 막기에도 유리했다. 나라 이름도 '남부여'로 고쳤다. 백제 왕실의 뿌리가 부여에서 시작되었음을 알리고, 왕실의 성씨를 나라 이름으로 삼아 왕권을 강화하겠다는 의지를 내보인 것이다. 통치 조직과 행정 구역 체계도 바꿔 왕권 강화를 꾀했고, 불교를 장려해 많은 절을 세웠다.

성왕은 계속되어 오던 동맹 관계에도 정성을 들였다. 신라와의 동맹을 더욱 튼튼히 유지하려고 노력했고, 왜에도 사신을 보내어 관계를 다져 나갔다. 어느 때보다도 많은 학자와 기술자를 왜에 보냈으며, 금동으로 만든 불상과 경전도 보냈다.

한강 유역을 되찾을 기회를 노리던 성왕에게 드디어 기회가 왔다. 고구려는 장수왕에 이어

서산 마애 삼존 불상
충청남도 서산의 가야산 절벽에 조각되어 있다. 가운데 불상의 환한 미소를 '백제의 미소'라고 부른다.

문자명왕에 이르기까지 전성기를 누렸지만, 그 뒤 왕위 계승 다툼이 일어나 왕이 살해당하고 귀족들 사이의 싸움으로 2000명이 넘게 죽으면서 정치는 극도로 혼란해졌다.

성왕은 재빨리 신라에 사신을 보내 고구려의 남쪽을 공격하자고 제안했다. 신라의 진흥왕도 소백산맥을 넘어 영토를 넓히기에 좋은 기회라고 판단해 이에 응했다. 백제와 신라, 가야 병사들까지 힘을 합쳐 고구려를 공격했다. 이 전투에서 승리한 뒤, 백제는 한강 하류 지역을 차지하고 신라는 한강 상류 지역을 차지했다.

"76년 전 고구려의 장수왕에게 당했던 수모를 드디어 갚고, 백제의 고향인 한강 하류 지역을 다시 찾았으니, 이제야 조상님들의 얼굴을 바로 볼 수 있겠구나. 이제 백제는 바다로 육지로 뻗어나가 과거의 영광을 다시 누릴 것이다!"

성왕은 감격에 겨워 눈물을 흘렸다. 그러나 기쁨도 잠시, 백제는 한강 하류를 2년 만에 신라에 넘겨주고 말았다.

힘을 키운 신라

신라는 오랫동안 고구려의 간섭에서 벗어나기 위해 전쟁을 치러 왔다. 그러는 사이 다른 나라를 보고 배우면서 국제적 감각도 익힐 수 있었다. 이제 신라도 기지개를 켜기 시작했다.

백제의 무령왕이 나라를 안정시켜 차근차근 되살려 가던 때, 신라는 지증왕이 나라를 다스리고 있었다. 지증왕은 '신라', '사로', '서라벌' 등으로 불리던 나라 이름을 '나날이 발전해 나가 사방을 아우른다.'는 뜻의 '신라'로 정했다. 그리고 '마립간'으로 불려 오던 지배자의 호칭도 정식으로 '왕'으로 바꿨다.

신라의 농업은 눈부시게 발전했다. 지증왕은 소를 농사에 적극적으로 이용하도록 했다. 소 한 마리가 사람 두세 명이 할 일을 거뜬히 해내면서 농사짓기가 쉬워지고 생산량도 크게 늘어났다. 왕이나 귀족이 죽을 때 아랫사람을 함께 묻는 순장도 없어졌다. 죽은 자를 위해 산 자를 죽이기에는 노동력이 너무나 아까웠기 때문이었다. 이러한 변화는 다른 나라보다 한참 늦은 것이었지만, 신라는 이제부터 빠르게 발전하기 시작했다.

지증왕에 이어 왕위에 오른 법흥왕은 법률을 정해 나라를 다스리는 기초를 마련했다. 관직의 높이에 따라 관리의 옷 색깔을 정했고, 나랏일을 돌보는 데 필요한 관청도 여럿 만들었다.

법흥왕은 불교를 통해 왕의 권위를 높이고 백성들의 마음을 모으고 싶었다. 그러나 신라에는 산천에 기도를 올리고 조상신을 섬기는 전통 신앙이 깊이 뿌리 내리고 있었기 때문에 불교가 널리 퍼지지 못했다. 게다가 귀족들도 불교를 반대했다.

"불교를 믿게 할 좋은 방법이 없을까?"

법흥왕이 고민하고 있을 때, 이차돈이라는 젊은 관리가 나섰다.

"제 목을 베어 본보기로 삼으십시오. 거짓으로 말씀을 전했다고 해서 신의 목을 베시면 모든 신하가 굴복해

이차돈 순교비
죽음으로 불교를 널리 퍼뜨린 이차돈을 기리기 위해 훗날 헌덕왕이 세운 비석이다.

감히 왕의 말씀을 어기지 못할 것이옵니다."

"어찌 죄 없는 사람을 죽일 수 있겠느냐?"

왕이 놀라며 주저하자 이차돈이 간곡하게 말했다.

"나라를 위해 죽는 것은 신하로서 큰 절개이고, 임금을 위해 목숨을 바치는 것은 백성의 곧은 의리입니다. 제가 죽음으로써 사람들이 불교를 믿게 된다면 저에게는 큰 영광입니다."

다음 날 이차돈은 임금님의 명령이라면서 절을 세우기 시작했다. 귀족들이 법흥왕에게 거세게 항의하자 법흥왕은 귀족들의 뜻을 받아들여 이차돈을 사형에 처했다. 이차돈은 죽기 전에 유언을 남겼다.

"제가 불교를 위해 죽으니, 분명 제가 죽은 뒤에 이상한 일이 일어날 것입니다."

이차돈을 처형하는 순간 갑자기 하늘이 어두워지며 천둥 번개가 쳤다. 귀족들은 두려워 벌벌 떨었다. 왕이 노여워하며 그들에게 말했다.

"이차돈의 잘못이 무엇이냐? 너희가 억지를 써서 죄 없는 사람을 죽이니 하늘이 벌을 내리는구나. 이제 앞으로 불교를 믿도록 허락할 것이다."

사람들은 이차돈의 목을 베자 빨간 피 대신 젖빛 피가 솟구치고, 하늘과 땅이 밤처럼 어두워졌으며, 하늘에서 꽃비가 내렸다고 수군거렸다. 소문은 곧 전설이 되었다.

법흥왕이 불교를 공식적으로 인정한 뒤 신라의 왕들은 스스로 부처님의 진리를 지키는 수호신이라고 자처하면서 큰 절을 세우고 큰 불상을 만들었다. 불교는 왕실의 보호를 받으며 크게 발전해 나갔다.

힘을 키운 신라는 가야 지역을 차지하기 위해 백제와 경쟁했다. 광개토 대왕의 공격을 받아 약해진 금관가야의 왕, 김구해는 신라에 항복했다. 법흥왕은 김구해를 신라의 귀족으로 받아들였는데, 김구해의 증손자가 바로 신라의 삼국 통일에 앞장선 김유신이다. 신라가 금관가야를 합치고 낙동강 유역을 차지하자, 가야의 다른 나라들은 신라를 견제하기 위해 백제와 손을 잡았다.

진흥왕, 한강을 차지하다

법흥왕의 뒤를 이어 진흥왕이 일곱 살의 나이에 즉위했다. 어린 진흥왕을 대신해 10년이 넘도록 큰어머니 법흥왕비가 나라를 다스렸고, 이사부를 비롯한 신하가 왕을 도왔다. 이사부는 귀족 세력의 우두머리로, 정책을 결정하고 군사를 움직이는 권한을 갖고 있었다.

세월이 흘러 성년이 된 진흥왕은 연호를 '개국'으로 고치고, 직접 나라를 다스렸다. 그리고 나라의 구석구석을 찾아다니면서 신라의 상황을 파악한 뒤, 본격적으로 영토를 넓혀 나갔다. 진흥왕은 스물이 채 안 된 젊은이였지만, 임금이 된 지 10년이 넘은 노련한 왕이었다.

553년, 백제의 성왕이 치고 올라와 고구려를 공격하자 진흥왕도 죽령을 넘어 고구려를 공격했다. 이 싸움에서 승리한 신라는 소백산맥을 넘어 충청도 일부와 강원도 지역, 그리고 한강 상류 지역을 손에 넣었다.

"한강을 타고 하류로 내려가면 좋겠는데, 고구려의 상황은 어떠한가?"

"고구려가 그렇게 쉽게 한강 하류를 백제에게 내준 것으로 보아, 고구려의 국내 사정이 매우 어려운 것 같습니다. 귀족들 사이에 싸움이 그치지 않는 데다가 북중국을 차지하고 있던 북위가 망해 가면서 서쪽 국경이 아주 혼란해진 상태입니다. 듣자 하니 돌궐이 북서쪽의 국경을 자꾸 넘나드는 바람에 군사를 1만 명이나 동원해 돌궐을 막고 있다고 합니다. 아마도 남쪽까지 신경 쓸 여유가 없을 듯하옵니다."

　　보고를 받은 진흥왕은 생각에 잠겼다.

　　'한강 하류라……. 지금은 백제 땅이지만 공격하면 승산은 있겠어. 그렇게 되면 백제와의 동맹 관계는 끝이지. 백제와의 동맹은 지금까지 여러 차례 신라를 위기에서 구해 주었어. 고구려가 혼란스럽다고는 하나 아직 강대국인데, 지금 백제와의 동맹을 깨뜨리는 것이 과연 현명한 선택일까? 고구려와 백제에게서 모두 공격을 받을 수도 있는데……'

　　한강 하류에는 신라 땅의 좁은 평야와 비교할 수 없을 정도로 넓은 평야가 펼쳐져 있었다. 일찍부터 농업이 발달해 곡식이 많이 생산되었고,

황룡사 복원도와 황룡사 터
진흥왕은 불교를 장려하고 커다란 절을 많이 지었다. 황룡사는 신라의 대표적 절이다. 선덕 여왕 때 황룡사에 9층 목탑을 세웠는데, 높이가 80미터에 이르렀다고 한다. 1238년 몽골군의 침입 때 불타 버려 현재는 터만 남아 있다.

사람도 많이 모여 살았다. 세금도 많이 걷을 수 있는 데다 전투에 쓸 병사도 구할 수 있으니, 여러 나라의 왕들이 눈독을 들일 만했다.

　게다가 뱃길이 발달해 있어서 물건을 운반하기에도 좋고, 병사를 이동시키기에도 편리했다. 무엇보다도 한강을 통해 중국과 교류할 수 있다면, 신라로서는 지금까지 뒤처졌던 외교 관계와 국제적 감각, 선진 문물을 한꺼번에 받아들일 수 있었다. 진흥왕은 이런 좋은 기회를 다른 나라와의 의리 때문에 놓칠 수 없다고 생각했다.

　"언제까지 고구려와 백제의 눈치나 보며 살 수는 없다. 한강 하류는 신라의 힘을 키우기 위해 꼭 필요한 땅이다. 군대를 보내 한강 하류를 공격하라!"

　신라는 백제 땅이었던 충주, 청주, 옥천 일대를 점령하고, 한강 하류 지역을 습격해 중국으로 가는 배가 출발하는 당항성을 차지했다. 새로 얻은 땅에 백성들이 옮겨 가 살게 하고, 김구해의 아들 김무력을 책임자로 임명했다. 신라는 소원을 이뤘다. 하지만 120년 동안 계속되었던 백제와의 동맹은 깨졌다.

　옛 수도를 되찾은 감격과 과거의 영광을 되살리려는 희망에 부풀어 있던 백제 성왕은 믿었던 신라에게 뒤통수를 맞고 분노에 치를 떨었다.

　"신라가 우리를 배신하다니. 내 딸까지 진흥왕에게 시집보냈거늘, 사람의 탈을 쓰고 어찌 이럴 수가 있단 말이냐. 이제 신라는 우리의 원수다."

　554년, 백제는 바다 건너 왜의 병사들과 가야의 병사들을 모두 동원해 신라를 공격했다. 성왕의 아들이 앞장서서 관산성을 공격했으나 쉽사리 결판이 나지 않았다.

공방전이 계속되자 조바심이 난 성왕은 얼마 되지 않는 병사들을 직접 이끌고 관산성으로 향했다. 성왕이 오는 것을 알아차린 신라의 군대는 길목에 숨어 있다가 기습 공격을 벌였다. 치열한 전투 속에 성왕이 전사했고, 백제는 3만 명에 가까운 군사를 잃었다. 신라는 관산성 전투의 승리로 한강 유역을 완전히 차지했고 백제는 중흥의 꿈을 접어야 했다.

다음 해 진흥왕은 신하들을 데리고 북한산에 올라 발아래 펼쳐진 신라의 땅을 흐뭇하게 바라보며 크게 웃었다.

"이 땅은 신라에게 영광과 번영을 가져다줄 것이다. 이곳이 앞으로도 영원토록 신라의 땅이라는 것을 알리는 비석을 세워라."

진흥왕의 목소리가 북한산에 메아리로 울려 퍼졌다.

가야, 신라에 멸망하다

관산성 전투에서 백제 편이 되어 싸웠던 가야는 신라의 간섭을 받게 되었다. 신라가 가야를 완전히 지배하려고 하자 대가야가 반란을 일으켰다. 진흥왕은 이사부에게 대가야를 정벌하라는 명령을 내렸다.

"저도 싸우고 싶습니다. 제게 명령을 내려 주십시오."

맑고 빛나는 눈빛을 가진 화랑 사다함이 나서며 말했다. 화랑은 귀족 집안의 젊은이 가운데 뽑힌 뛰어난 사람들이었는데, 그를 따르는 무리와 함께 어울려 다니면서 무예를 닦고, 수련을 하고, 공부도 했다. 화랑은 전쟁에서 큰 공을 세우기도 했으며, 관리로 뽑히기도 했다. 이때 사다함의 나이는 겨우 열여섯이었지만, 이미 그를 따르는 무리가 1000명이 넘었다.

신라 전성기(6세기)의 세력 범위
한강 상류에 이어 하류까지 차지한 신라는 대가야를 정복하고, 함흥 평야까지 진출해 삼국 통일의 주도권을 쥐었다.

진흥왕이 영토를 넓힌 뒤 세운 순수비

북한산 진흥왕 순수비

노련한 이사부와 젊은 사다함의 활약으로 대가야는 쉽게 무너졌다. 금관가야에 이어 대가야가 신라에 합쳐지자 가야의 여러 나라도 신라의 영토가 되었다.

가야의 여러 나라는 어느 한 나라로 통합되지 못한 채, 각각 독립적으로 나라를 다스렸다. 그러다 보니 고구려·백제·신라가 한반도의 주인 자리를 놓고 치열하게 다투면서 성장해 나가는 사이에 가야는 이 경쟁에 주도적으로 참여하지 못하고 결국 멸망했다.

나라가 망하면서 포로로 잡힌 가야 사람들은 신라인의 노비가 되어 비참한 생활을 했다. 가야 사람들 가운데에는 김무력이나 김유신처럼 장군으로 이름을 떨치거나 우륵이나 강수처럼 음악가나 문장가로 재능을 펼친 사람도 있었다. 그러나 그들도 나라 잃은 백성이었으므로 여전히 신라 귀족들의 틈바구니에서 차별을 받았다.

진흥왕이 다스리는 동안 신라의 영토는 세 배로 넓어졌다. 진흥왕은 자신이 정복한 국경 지역을 직접 돌아보고 비석을 세워 경계를 표시했다.

그러나 고구려는 혼란을 수습하며 동북아시아 최강국으로서의 면모를 되찾아 가고 있었다. 백제는 성왕의 원수를 갚기 위해 칼을 갈고 있었다. 또 중국에서는 남과 북에 세워졌던 여러 나라가 빠르게 통합되고 있었다. 과연 고구려·백제·신라의 앞날은 어떻게 될 것인가? 누가 최후의 승자가 될 것인가?

세계 속의 한국인

세계와 교류한 삼국의 사람들

저 산 너머, 저 지평선 끝에, 저 바다 건너에는 무엇이 있을까? 사람이 다닌 곳에 길이 열리고, 길을 따라 사람들이 다닌다. 고구려와 백제, 신라와 가야 사람들도 그렇게 세계를 만났다.

평양성을 출발한 고구려 사신은 서쪽 먼 곳에 있다는 사마르칸트를 향해 떠났다. 부지런히 가도 반년은 족히 걸렸다. 중국을 거쳐 비단길을 따라 사마르칸트로 가려면 험한 사막과 산맥을 넘어야 했다. 그럼에도 불구하고 많은 상인이 비싸게 팔릴 물건을 찾아 이 위험한 길을 나섰고, 그들을 습격해 물건을 빼앗으려는 산적들도 이 길 위에 있었다.

중국과 로마를 연결하는 비단길의 한가운데에 자리 잡은 사마르칸트는 세계 여러 나라 사람으로 북적거렸다. 고구려 사신은 생전 처음 보는 신기하게 생긴 사람들과 인사를 나누었다. 사마르칸트 사람들은 고구려 사신을 반갑게 맞이했다.

〈양직공도〉 속 백제 사신
중국 양나라에 사신으로 간 백제인의 모습.

로마에서 온 유리 그릇
신라 고분에서 발견된 유리 그릇은 실크로드를 통해 신라로 전해진 것으로 보인다.

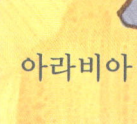

타나이
로마
콘스탄티노플
안티오크
아라비아
이집트

그리고 기념으로 깃털 달린 모자를 쓴 고구려 사신을 벽화에 그려 넣었다.

　북방의 유목 민족들만 사용한다는 뿔잔이 고구려나 백제가 아닌 신라와 가야에서만 발견되는 이유는 무엇일까? 이집트, 로마, 서아시아에서 유행했던 보검이 신라의 고분에서 잠자고 있었던 까닭은 무엇일까? 1만 4000킬로미터나 떨어진 로마 제국의 유리병이 신라에 오기까지 얼마나 많은 사람의 손을 거쳤을까? 누가 무엇 때문에 이 물건들을 가져왔는지는 알 수 없지만 신라와 가야가 먼 곳에서 발달한 문화와 만났다는 사실은 확실하다.

사마르칸트 아프라시압 궁전 벽화
깃털 모양의 관을 쓰고 고리가 달린 긴 칼을 찬 고구려 사신의 모습이 그려져 있다.

신라의 황금 장식 보검
서역의 벽화 속에서 보여지는 보검으로 경주의 무덤에서 나왔다. 중앙아시아와의 교류를 보여 준다.

신라의 뿔 모양 잔
가야와 신라의 땅에서 뿔 모양 잔이 많이 나왔는데, 북방 유목 민족의 영향을 받았음을 알 수 있다.

고구려와 백제, 신라와 가야 사람들은 일찍부터 일본과 교류했으며, 일본에 건너가 선진 문화를 전하기도 했다. 그 가운데 백제와 왜의 관계는 특별했다. 백제는 일찍이 왜에 철기를 전해 주었을 뿐 아니라 근초고왕 때부터 아직기와 왕인 같은 학자를 보내 한자와 유학을 가르쳐 주었다. 또 여러 승려가 불경과 불상을 가지고 일본에 가 불교를 전파하기도 했다.

백제 승려 혜총과 고구려 승려 혜자가 대표적인 인물로, 혜자는 쇼토쿠 태자에게 불교를 가르쳤고, 혜총과 함께 호코사에서 불교를 전파하는 데 앞장섰다.

백제 위덕왕의 아들 아좌 태자는 아버지의 명령에 따라 백제와 왜의 관계를 더욱 가깝게 하기 위해 일본에 가서 살았다. 그림을 잘 그렸던 아좌 태자는 쇼토쿠 태자의 초상화를 그렸는데, 이를 통해 두 나라의 관계가 얼마나 돈독했는지를 알 수 있다.

왜와의 교류가 더욱 활발해지면서 백제는 솜씨 좋은 장인들도 왜에 보냈다. 그들은 왜에서 기와지붕을 올리고 절을 짓고 탑을 쌓았다. 일본에서 처음 만들어진 기와 건물인

쇼토쿠 태자 초상
백제 위덕왕의 아들 아좌 태자가 그린 쇼토쿠 태자의 초상화이다.

아스카데라도 백제 사람의 솜씨였다. 백제에서 가져온 물건, 백제 사람들이 만든 건물이나 물건은 모두 왜에서 최고급품의 대접을 받았다. 그래서 일본 사람들은 백제를 '쿠다라'라고 불렀다. 고급, 일류라는 뜻을 가진 말이었다.

쇼토쿠 태자는 601년, 호류사를 짓기 시작했다. 7년이나 걸려서 완성된 이 절은 매우 컸고, 가운데에 세운 5층짜리 목탑은 백제 탑과 양식이 매우 비슷했다.

호류사에 있는 아름다운 관음상은 백제의 솜씨라 하여 아예 '백제 관음상(쿠다라 간논)'이라고 불린다. 백제 사람들은 한문·유교·불교에서 음악·미술·건축에 이르기까지 모든 부문에서 일본 문화에 영향을 끼쳤다.

쿠다라 관음보살상
백제 왕이 쇼토쿠 태자에게 보낸 것으로 섬세하고 우아한 백제의 솜씨가 엿보인다.

호류사 5층 목탑
세계에서 가장 오래된 목조 건물로, 부여의 정림사지 5층 석탑과 그 분위기가 매우 비슷하다.

연표

우리나라 - 기원전

70만 년 전	곧선사람이 한반도에 들어오다. 찍개, 주먹 도끼 같은 뗀석기를 사용하다.
50만 년 전	평안남도 상원 검은모루 동굴에서 사람들이 살다.
10만 년 전	평안남도 덕천, 평양 역포 구역에서 사람이 살다.
8000년경	한반도의 모습이 나타나고 환경이 오늘날과 비슷해지다. 제주도 고산리 사람들이 토기를 만들다.
6000년경	움집에서 살며 간석기와 빗살무늬 토기를 만들다.
5000년경	서울 암사동에서 움집을 짓고 생활하기 시작하다.
4000년경	돌보습, 돌괭이로 농사를 짓고 집짐승을 기르기 시작하다.

다른 나라 - 기원전

3000년경
이집트 문명이 시작되다.

2500년경
중국 황허 문명이 시작되다.

2333년 단군왕검이 고조선을 세우다.
2000년경 만주에서 청동기를 사용하기 시작하다.
1500년경 경기도 일산, 김포 지역 사람들이
 벼농사를 짓기 시작하다.
1000년경 한반도에서 민무늬 토기를 만들고
 청동기를 사용하다.
700년경 고조선이 발전해 중국 제나라와
 교역을 하다.
 강상 무덤이 만들어지다.

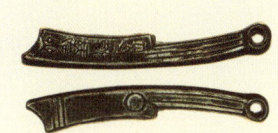

563년경 석가모니가 탄생하다.
551년경 공자가 탄생하다.

400년경 한반도에 철기 문화가 들어오다.
 고조선, 중국 연나라와 대립하며 성장하다.
300년경 연나라의 공격을 받아 고조선의
 서쪽 땅 2000여 리를 빼앗기다.
200년경 부여가 등장하다.

334년
알렉산드로스 대왕, 동방 원정
221년
중국 진시황제, 중국을 통일하다.
202년
한나라가 중국을 다시 통일하다.

195년	위만이 고조선으로 들어오다.
194년	위만이 준왕을 몰아내고 고조선의 왕이 되다.
109년	한나라 무제가 쳐들어오다.
108년	왕검성이 함락되고 고조선이 멸망하다. 한나라가 고조선 땅에 4개의 군을 설치하다.
57년	신라 시조 박혁거세, 사로국을 세우다.
37년	고구려 시조 주몽, 고구려를 세우다.
18년	백제 시조 온조, 위례성에 나라를 세우다.

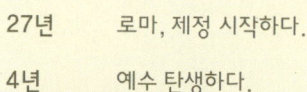

27년	로마, 제정 시작하다.
4년	예수 탄생하다.

우리나라 – 기원후

3년	고구려 유리왕, 국내성으로 수도를 옮기다.
56년	고구려 태조왕, 동옥저를 통합하다.
194년	고구려, 진대법을 실시하다.
242년	고구려, 서안평을 공격하다.
260년	백제 고이왕, 관리의 등급을 정하다.

다른 나라 – 기원후

220년

중국, 후한이 멸망하고 위·촉·오 세 나라로 갈라지다.

285년	선비족 모용씨의 공격으로 부여가 위기에 처하다.
313년	고구려 미천왕, 낙랑군을 몰아내다.
369년	백제 근초고왕, 왜왕에게 칠지도를 선물하다.

313년	로마, 크리스트교를 공식적으로 인정하다.

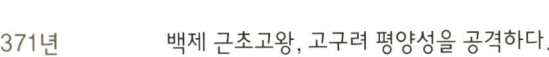

371년	백제 근초고왕, 고구려 평양성을 공격하다. 고구려 고국원왕, 전사하다.
372년	고구려 소수림왕, 불교를 받아들이고 태학을 세우다. 백제, 중국 동진에 사신을 보내다.
373년	고구려 소수림왕, 율령을 반포하다.
384년	백제 침류왕 때 불교가 전래되다.
396년	고구려 광개토 대왕, 백제를 공격해 한강 이북을 점령하고 백제 아신왕의 항복을 받다.
397년	백제 아신왕, 왜에 사신을 보내다.
400년	고구려 광개토 대왕, 병사를 보내 가야·왜의 연합군을 격퇴하고 신라를 구원하다.
405년	백제, 일본에 한학을 전하다.

414년	고구려 장수왕, 광개토 대왕릉비를 세우다.
427년	고구려 장수왕, 평양으로 수도를 옮기다.
433년	백제와 신라, 나·제 동맹을 맺다.
475년	고구려 장수왕, 백제를 공격해 백제 개로왕을 죽이다. 백제, 웅진으로 수도를 옮기다.
493년	백제와 신라, 혼인 동맹을 맺다.
494년	고구려, 부여를 병합하다.
502년	신라 지증왕, 순장을 금지하고 우경을 장려하다.
503년	신라 지증왕, 나라 이름을 '신라'로 정하고 왕의 호칭을 사용하다.
520년	신라 법흥왕, 율령을 반포하다.
527년	신라, 이차돈의 순교를 계기로 불교를 공인하다.
532년	금관가야가 신라에 병합되다.
538년	백제 성왕, 사비로 수도를 옮기고 나라 이름을 '남부여'로 바꾸다.
551년	백제와 신라가 고구려를 공격해 한강 유역 일대를 빼앗다.
552년	백제, 일본에 불교를 알리다.
553년	신라 진흥왕, 백제를 기습해 한강 하류를 차지하다.
554년	성왕, 관산성 전투에서 전사하다.
562년	신라 진흥왕, 대가야를 정복해 가야 지역을 모두 차지하다.

439년

중국, 남북조 시대가 시작되다.

476년

서로마 제국 멸망하다.

사진 자료 제공

게티 이미지
고인돌(34쪽), 광개토 대왕릉비(106쪽),
무령왕릉(114쪽)

국립경주박물관
비파형 동검(38쪽), 거푸집(52쪽),
기마 인물형 토기(65쪽), 금관(98쪽), 금귀걸이(98쪽),
금모자(98쪽), 금허리띠(98쪽),
로마에서 온 유리 그릇(126쪽),
신라의 황금 장식 보검(127쪽)

국립공주박물관
무령왕릉에서 나온 지석(115쪽), 석수(115쪽),
왕의 금제 뒤꽂이(115쪽)

국립광주박물관
그물(20쪽), 돌낫(27쪽), 반달 돌칼(27쪽),
청동 거울(33쪽)

국립김해박물관
강철 검(52쪽), 덩이쇠(64쪽), 판갑옷(64쪽),
수레바퀴 모양 토기(65쪽)

국립부여박물관
세형 동검(38쪽), 백제 금동 대향로(85쪽),
칠지도(91쪽), 서산 마애 삼존 불상(116쪽),
〈양직공도〉 속 백제 사신(126쪽)

국립중앙박물관
주먹 도끼(18쪽), 사람 얼굴 모양 조가비(21쪽),
빗살무늬 토기(24쪽), 돌보습(25쪽),
농경 무늬 청동기(26쪽), 거푸집(31쪽),
가지 방울(33쪽), 사슴 장식 항아리(65쪽),
국보 83호(86쪽), 국보 78호(87쪽),
연가 7년명 금동 여래 입상(97쪽),
왕과 왕비의 금제관식(115쪽), 이차돈 순교비(118쪽),
신라의 뿔 모양 잔(127쪽), 쿠다라 관음보살상(129쪽)

국립청주박물관
슴베찌르개(18쪽)

권태균
오녀산성(56쪽), 장군총(110쪽)

문화재청
대릉원(99쪽)

백유선
경주 오릉(58쪽), 황룡사 터(121쪽)

부산박물관
부산 동삼동 조개더미(21쪽), 조개 팔찌(21쪽)

《북녘의 문화유산》
미송리형 토기(38쪽)

사계절출판사
무용총 벽화의 손님맞이(75쪽)

서울대학교 박물관
철로 만든 보습(52쪽)

《조선 유적 유물 도감》
말 아래턱뼈(15쪽), 멧돼지 아래송곳니(15쪽),
원숭이 머리뼈(15쪽), 갈돌과 갈판(24쪽),
가락바퀴(25쪽), 뼈바늘과 뼈바늘 통(25쪽),
뿔괭이(25쪽)

충북대학교 박물관
긁개(19쪽), 밀개(19쪽)

《한국 화폐의 변천》
명도전(43쪽)

• 저작권자를 찾지 못해 게재 허락을 받지 못한 일부 사진에 대해서는 저작권자가 확인되는 대로 허락을 받고 사용료를
  지불하도록 하겠습니다.

135

찾아보기

ㄱ

가락국 • 60
가락바퀴 • 23, 25
가야 • 60
강수 • 125
개로왕 • 109
거푸집 • 30, 52, 84
고국원왕 • 92, 102
고국천왕 • 68
고인돌 • 34, 38, 36, 40
고조선 • 42
골품제 • 78
광개토 대왕 • 100, 106, 111
광개토 대왕릉비 • 106
구야국 • 59
국내성 • 92, 107
국동대혈 • 60
근초고왕 • 90, 92
금관가야 • 63, 95, 105
금동 미륵보살 반가 사유상 • 86
금와왕 • 54
김구해 • 120, 122
김무력 • 122, 125
김알지 • 58
김유신 • 120, 125

ㄴ

낙랑 • 45, 65, 71, 92

ㄷ

단군왕검 • 36
당항성 • 122
대가야 • 105, 123
덩이쇠 • 63
돌궐 • 121
돌무지덧널무덤 • 99
동맹 • 60, 62
동예 • 53, 67
뗀석기 • 16, 22

ㅁ

마립간 • 98, 103
마한 • 53, 57, 65
맥궁 • 105
명도전 • 42, 43
모루 • 51, 52
무령왕 • 113
무령왕릉 • 115
무용총 • 75
미송리형 토기 • 38
미천왕 • 71, 92
미추 • 58

ㅂ

박혁거세 • 58, 60
반달 돌칼 • 26, 27
백제 • 57
백제 관음상 • 129
백제 금동 대향로 • 85
법흥왕 • 119
변한 • 53, 59
봉상왕 • 82
부여 • 54, 62
북한산 진흥왕 순수비 • 124
비류 • 57
비사성 • 106
비파형 동검 • 38
빗살무늬 토기 • 22, 24
빙하기 • 14
뼈바늘 • 25
뿔괭이 • 23, 25

ㅅ

사다함 • 123, 125
사로국 • 57
서산 마애 삼존 불상 • 116
석탈해 • 58, 60
섭하 • 42
성기 • 45

136

성왕 · 116, 120, 125
세형 동검 · 38
소서노 · 56
소수림왕 · 96
쇼토쿠 태자 · 128
수로왕 · 60
순도 · 96
슴베찌르개 · 17, 18

ⓞ
아신왕 · 102, 103
아좌 태자 · 128
아직기 · 128
안류 · 68
안시성 · 106
연가 7년명 금동 여래 입상
 · 97
영고 · 62
오녀산성 · 56
옥저 · 53, 67
온달 · 79
온조 · 57
와박사 · 85
왕검성 · 40, 44, 45
왕인 · 128
우거왕 · 42, 44

우륵 · 125
위만 · 40, 42
유리 · 57, 58
유화 · 54, 55
을불 · 82
을파소 · 68
이사금 · 98
이사부 · 120, 123, 125
이차돈 · 118

ⓩ
장군총 · 110
장수왕 · 106, 107
정사암 회의 · 77
제가 회의 · 77
조개더미 · 21
졸본 · 55
주먹 도끼 · 17, 18
주몽 · 55, 60
준왕 · 40
중계 무역 · 42
지증왕 · 117
진국 · 41
진대법 · 70, 80
진한 · 53, 57, 65
진흥왕 · 117, 120, 122

ⓒ
청동 거울 · 32
청동검 · 30, 32
칠지도 · 91, 92

ⓔ
태조왕 · 67
태학 · 97

ⓟ
판갑옷 · 64
8조법 · 41
평강 공주 · 79

ⓗ
하백 · 55, 62
한사군 · 71
해모수 · 55, 62
해부루 · 54
혜자 · 128
혜총 · 128
호류사 5층 목탑 · 129
화랑 · 123
화백 회의 · 77
황룡사 · 121
황룡사 9층 목탑 · 85

제대로 한국사 1 우리 역사의 시작

1판 1쇄 발행일 2008년 1월 7일
개정판 1쇄 발행일 2015년 10월 26일
개정2판 5쇄 발행일 2024년 4월 22일

지은이 전국역사교사모임
발행인 김학원
발행처 휴먼어린이
출판등록 제313-2006-000161호(2006년 7월 31일)
주소 (03991) 서울시 마포구 동교로23길 76(연남동)
전화 02-335-4422 **팩스** 02-334-3427
저자·독자 서비스 humanist@humanistbooks.com
홈페이지 www.humanistbooks.com
유튜브 youtube.com/user/humanistma **포스트** post.naver.com/hmcv
페이스북 facebook.com/hmcv2001 **인스타그램** @human_kids
편집 박민영 **디자인** 유주현 고문화 AGI **일러스트** 서른 인강 임근선
용지 화인페이퍼 **인쇄** 청아디앤피 **제본** 민성사

글 ⓒ 전국역사교사모임, 2008
ISBN 978-89-6591-406-8 74910
ISBN 978-89-6591-405-1 74910(세트)

- 이 책은 《행복한 한국사 초등학교 1》의 개정판입니다.
- 이 책은 저작권법에 따라 보호받는 저작물이므로 무단 전재와 무단 복제를 금합니다.
- 이 책의 전부 또는 일부를 이용하려면 반드시 저작권자와 휴먼어린이 출판사의 동의를 받아야 합니다.

사용 연령 8세 이상 종이에 베이거나 긁히지 않도록 조심하세요. 책 모서리가 날카로우니 던지거나 떨어뜨리지 마세요.

선생님들이 가장 많이 추천한 이보다 좋을 수 없는 최고의 한국사!

이렇게 재미있는 역사책이 있었던가? 꼭 있어야 할, 그리고 꼭 있었으면 하는 내용과 자료가 들어 있는 알찬 구성 덕분에 부모와 교사도 아이와 함께 읽으면 좋다. 흥미진진하고 역사 고증에도 충실한, 말 그대로 이보다 좋을 수 없는 한국사 교양서이다.
— **김성전** 서울수리초등학교 교사

《제대로 한국사》는 재미있고 풍성하다. 무엇보다 생동감이 있어서 마치 영화를 보고 있는 듯한 착각에 빠져든다. 인물, 사건, 제도가 아니라 조상들의 지혜, 용기, 희망 등을 전하고자 하는 역사 선생님들의 노력이 느껴진다. 역사를 왜 공부해야 하는지, 역사가 미래에 어떤 도움이 될지 잘 알려 주는 책이다.
— **이강무** 서울인창중학교 교사

5학년 사회 수업 보조 교재로 꼭 안성맞춤인 역사책이다. 한국사를 이해하는 데 꼭 필요한 내용만 엄선해 쉽게 썼다. 교과서의 흐름에 맞춘 탄탄한 내용 구성은 아이들이 역사를 이해하는 데 도움을 주고, 여러 인물의 이야기는 아이들이 역사에 더 가깝게 다가가도록 돕는다.
— **김형도** 광주새별초등학교 교사

"역사를 잊은 민족에게 내일은 없다." 아이들에게 역사를 제대로 가르쳐야 하는 까닭도 바로 여기에 있다고 생각한다. 교과서만으로는 우리 역사를 깊이 알기 어렵다. '제대로 된' 역사책으로 우리 아이들에게 역사를 알아 가는 기쁨을 주고 싶다.
— **진현** 화성제암초등학교 교사

《제대로 한국사》는 오랫동안 학생들을 가르쳐 온 역사 선생님들이 아이들의 눈높이에 맞춰 흥미로운 이야기로 역사를 들려준다. 아이들이 역사 속으로 푹 빠져 재미있게 읽으면서 동시에 역사 공부도 할 수 있는 멋진 책이다.
— **최운** 남양주판곡초등학교 교사

흥미진진한 자기 주도 역사책. 사료에 기반한 역사적 사실들이 생동감 있게 아이들의 눈앞에 펼쳐진다. 교과서의 어려운 용어와 개념보다 생생한 과거 '사람들의 이야기'가 되살아난다. 아이들이 고개를 끄덕이며 쉽게 읽을 수 있는 진정한 드라마다.
– 맹수용 의정부중학교 교사

어려운 역사적 용어와 개념을 딱딱한 단어들 앞에 묶어 두지 않고 백성들의 소리로 전달했다. 아이들이 술술 읽으면서 옛사람들이 살았던 시대와 삶을 생생하게 경험해 볼 수 있는 책이다. 이 책에는 아이들이 가진 역사에 대한 거부감의 원인이 무엇인지 알고, 그것을 해결하려 고민한 흔적이 여실히 드러나 있다.
– 나해린 양주고등학교 교사

교과서 속 인물들이 책에서 빠져나와 살아 움직이며 활기 넘치는 모습으로 이야기를 전해 준다. 역사가 재미없는 과거 사실의 나열이 아니라, 나와 같은 사람들이 울고 웃으며 생활했던 모습이 담겨 있는 옛날이야기라는 것을 보여 준다.
– 손언희 김해삼성초등학교 교사

굵직한 역사적 사건들을 작은 역사적 사실과 연결해 역사를 쉽게 만나게 한다. 역사책은 딱딱하다는 고정 관념을 버릴 수 있게 한 구성이 마음에 든다. 역사를 처음 만나는 아이들에게는 눈높이 역사 교과서이고, 학부모에게는 흥미진진한 역사 교양 안내서이다.
– 김동국 부산정관초등학교 교사

내 친구들의 이야기, 내 이웃의 이야기를 읽는 것 같아 친근하다. 그러면서도 주변 사람과의 관계를 생각하게 하고, 사회와 나의 관계, 더 나아가 세계 속의 나를 생각해 볼 수 있게 하는 책이다. 한 편의 이야기를 읽듯 쉽고 재미있다.
– 배병록 서천초등학교 교사